教壇から見える景色のこと

先生！教師になるってどんな感じ？

竹内　元・佐々敬政
興津紀子・藤本将人　編
宮崎大学教育学部　著

鉱脈社

はじめに

この本は、「教職の魅力」をテーマにした書籍です。でも、教職の印象が悪いから、その魅力を躍起になって説明しようとしたのではありません。教師が語る教職の魅力には、教育実践の展望と教職の未来を考えていく上で見失ってはいけない基盤があると考えたからです。

教職をめざしている高校生に「なぜ教師になりたいのか」を尋ねると、「先生になりたい」と考えるようになったきっかけを答えてくれます。不安や孤立感を解消してくれた担任との出会いや自分ができないときに最後まで優しくサポートしてくれた先生との出会い、迷っていた時に決断する勇気を与えてくれた恩師との出会いなど、子どもであった自分に直接寄り添ってもらえた、かけがえのない過去の経験を語ってくれます。

そうした教師との出会いがなくても、「学校の先生って、何をしているの？」「教職って、どんな仕事なの？」「教師って、どんなことを大切にしているの？」と、良くも悪くも教師の仕事に興味のある中学生・高校生とも教職の魅力を分かち合いたく、この本は編まれました。中学生や高校生を対象に、トークライブやミニ授業体験をすでに行っていた県内のスーパーティーチャーに、中学生や高校生に語るように教職の魅力を書いていただくよう、執筆をお願いしました。子どもとともに学び続ける教師のものの見方・考え方と多様なエピソードを紹介することで、自らの経験と響き合いながら共感できる点を発見したり、知らなかった教職のおもしろさに興味を持ってもらったりできればと願いました。

この本は、中学生や高校生に対して教職へと誘う呼びかけとして書かれています。同時に、日々子どもたちと格闘している教師からにじみ出る言葉にならない声を大学の教員がていねいに聴きながら、「先生とは何か」「教師とは何か」「教職の専門性とは何か」を探究しつつ、教壇から見える世界を描きました。そのことを通して、子どもたちからは見えていなかった工夫や配慮があるなかで、日々教師に様々な出会いや学びが生まれていることを理解してほしいと思っています。

もちろん、この本は、中学生や高校生だけに読んでほしいわけではありません。教職を志す大学生や教職に就いた若手教員にとっても、あらためて自分はどのような教師をめざすのか、生涯にわたって何をどのように学び続けていくのか、学び続ける教師としての出発点を見つめる手がかりになればと思います。さらに、あまりの忙しさに教室で子どもと出会えるありがたさ、あるいは、教えることと学ぶことの本質を見失いがちな中堅やベテラン教員にも、自分自身の実践を見つめ直すために、一読していただきたいと思っています。そして、なによりも、本書をきっかけに多面的な教職の魅力を様々な場でいろいろな方々と語り合ってほしいと考えています。

本書は、三部に構成しました。

第Ⅰ部は、教師として大切にしていることや教師の仕事のやりがいを様々な体験とともに綴っています。それぞれの語りに共通する視点をまとめてみたり、似ている考え方を類比して違いを発見してみたり、多様な教師の生き方を多角的に比べて読んでもらえると幸いです。なお、それぞれの語りの肌触りを大切にしたく、文中にある「教員」「先生」「教師」という用語を定義し、それぞれの意味をそろえることはしませんでした。

第Ⅱ部は、教職とはどのような仕事なのかを多様に書き記しました。多くの方々が知っている教師の仕事は、子どもの立場から見えているものにしかすぎません。

「今日もはじまる『新たな一日』」は、ある小学校の先生の一日を観察したものです。放課後に先生は何をしているかを紹介するだけでなく、子どもたちにも見慣れた教室風景に先生という仕事の奥深さがあることを描いています。子どもたちを思う気持ちが生み出す目に見えない配慮や工夫を聴き出し、さらに、子どもの行為が持つ価値を発見し、ほかの子どもたちに価値を広げている先生のきめ細やかな働きかけにも注意を向けています。

「はじめて知る、教師のハナシ」は、高等学校の指導教諭の一日の仕事を追いながら、聴き取った対話の記録です。生徒と接していない空き時間の使い方にある働き方の知恵、生徒には見えていない校務分掌や同僚との学び合いに加えて、いつもの授業に潜んでいる先生の意図が描かれています。日々の授業で意識している教師の工夫から授業観や教科観がにじみ出ています。

「教師として生きるカクシン（核心・革新・確信）」は、先生がどのように日々の授業をつくっていくか、授業が実際に行われるまでの3か月間のエピソードを描いたものです。試行錯誤しながらも目標と内容と方法を一貫させ、なぜ授業をするのかをとことん考え抜く。書店でブラウジングすることから始め、教師自身の変容を引き寄せるように学びを積み重ねる。そうした目標設定や単元構成に至るプロセスが浮き彫りにされています。生徒に学ばれた内容が、教師が持っている枠組みにまとめられることなく、教師の予想をこえて多様に多元的にひらかれていく。そうした教師としての生き方にふれることができます。

第Ⅲ部は、小学校の教室で観たり聴いたりしたいくつかのエピソードをもとに、教壇から教師は何をどのように見ているのかを描きました。子どもの言動をどのような視点から理解するか、子どもの可能性が教師に見えてくるのはなぜかを考察しつつ、「繰り返し発言」という子どもたちと取り組んでいる授業改善を手がかりに、教師になっていくには何が求められるかを探究しました。

２０２５年2月

宮崎大学教育学部附属教育協働開発センター
授業研究部門長　竹内　元

I

いつか教師になるきみたちへ

教職の魅力とは何か

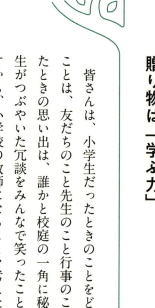

贈り物は「学ぶ力」

岩切　宏樹（宮崎市立西池小学校）

皆さんは、小学生だったときのことをどれほど覚えていますか。私は中学生や高校生時代のことは、友だちのこと先生のこと行事のことといくつかすぐに思い浮かぶのですが、小学生だったときの思い出は、誰かと校庭の一角に秘密基地を作って叱られたことや、不意に授業中に先生がつぶやいた冗談をみんなで笑ったことなどくらいしかすぐには思い出せませんでした。ですから、小学校の教師になることを考えたとき、報われない仕事ではないかとネガティブな思いが拭い去れませんでした。それでも、私は、なんとなく子どもたちに「教えること」が好きだという思いで教師になりました。

今では、その「教えること」が好きという思いは、「学ぶ力」を育てたいという思いに変わりました。「教えること」とは異なって「人が自ら学ぶ力を育てること」は、いわば人が将来、家を建てる手助けをするようなものなのかもしれません。人の学力が様々であるように、家にもきらびやかな家、機能的な家、安全な家、安らぐ家、様々な特色があるでしょう。それらの家は、家そのものの形には表れないけれども、資金や資材を集めたうえで、基礎工事が行われ、ようやく実際に目にする「様々な特色のある家」が建てられていきます。人の「学ぶ力」を育てることに携われるとしたら、きっと小学校教育とは、そうした実際の姿には見えない家の基礎づくりの部分にあたるのかもしれません。ですから、どのような「学ぶ力」が育っていくのかの基礎づくりとして欠かせない部分を担っているのだと考え、改めて魅力を感じるようになりました。将来、いざ家を建て始めるときになって、自分に確かな揺るぎない基礎ができていることに気づくなんて、なんと価値ある贈り物でしょうか。小学校の先生とはそんな手助けを担える仕事だと今では自負しているのです。

人の学ぶ力の基礎づくりは奥が深く、その手伝いは簡単ではありません。自分自身と向き合いながら様々な人の文化を受け入れ、常に自分をアップデートしていかなくてはならないのです。手伝いにしては、自分の身を削りすぎではないか？　と思わされることもあります。

あなたは、自分に「学ぶ力」の基礎ができていると気づくことがありますか。今ごく自然に生活の中で活用している、読んだり書いたり計算したりする力はいつ育ったのでしょうか。分からないことをいろいろな方法を駆使して、時に人に尋ねたり再度思考したりする学び方はいつ身に付き始めたのでしょうか。「分かった。なるほど。」と達成感の味を知ったのはいつからでしょう。思い返してみてください。それは誰かが身を削りながら育ててくれたもので、決して自然に育ったものではないのかもしれません。

時代は刻々と流れます。そんな激流の中で、いつの時代も変わらない人としての精神を引き継いできた「学ぶ力」とこれからの時代を生きるために必要な新たな「学ぶ力」との両方を育めるのは他でもなく皆さんなのです。次は、ぜひあなたの手で、未来の子どもたちに素敵な価値ある贈り物を託していきませんか。

問題が問題でなくなるとき

石本　隆士（都城市立沖水小学校）

私なりに思う教職の魅力を、二つ書かせていただきます。

【成長の瞬間に立ち会える幸せ】

まず、教職に就いた最初の十年間ほどのエピソードから始めます。私は、新規採用の年から少年団の指導者となりました。初めは子どもたちとバレーボールを楽しむつもりだったのですが、思うようなプレーができず負けて泣いている姿を見る中で、チームを強くしたいという願いも強くなっていきました。そうして六年目を過ぎた頃、保護者の方々の熱心さにも助けられて全国大会に出場する機会を得ました。小規模の学校ということもあり、チームの人数は七名でした。開会式で整列している写真を見ると、一番少ないのですぐに見つけることができます。最少でベストエイト進出だったからか、敢闘賞をいただきました。

私が日々の練習で感じていたのは、サーブが相手コートに届くようになる、スパイクがネットを超えるようになる等、自分が教えたことが何らかの影響を与え、ヒトが新しく何かができるようになる瞬間に立ち会える幸せでした。スポーツに限らず「初めて分かった。できた。」と、子どもや家族と一緒に喜び合えるのは、教職の魅力の一つだと思っています。

【関心領域を探求し理性の限界に挑戦する面白さ】

私は、これまで学部生の頃に芽生えた心理学への関心をもち続けることができました。これも教職にあったおかげだと思っています。教育学部で教育心理学課程を専攻し、卒業後に発達心理学会の会員になりました。教職に就いてから通った大学院では、児童精神科医である恩師から、心理検査と行動評価を活用して現象をみていくことを学びました。特別支援教育に携わるようになってからは保護者支援や地域づくりに興味が出てきたため、コミュニティ心理学会にも入ってみました。その間、臨床発達心理士と公認心理師の資格も得ました。教職には、このように自身の関心領域に関わり学び続け、それを日々の仕事につなげていく楽しみがあります。

一般に、学校では様々な問題が起き、たくさんの職員がその対応に苦慮し疲弊していくイメージがあるかもしれません。ただ、私がこの職場で三十年ほどを過ごし実感するのは、どんな問題もいずれ解決していくということです。問題が問題でなくなっていく不思議さ・安心感・達成感があるのです。その理由としては、私の体験でも分かるように学べる環境の充実が挙げられます。そうして学びを重ねさせていただき思うことの一つは、「学校で起きていることをどこまで記述できるのか。それに挑戦していきたい。」ということです。自分は「どこまで分かるのか。説明できるのか。」と考えるのは、とても面白いことです。少し大げさな言い方になるかもしれませんが、理性の限界に挑戦することができるのも教職の魅力だと感じます。

たくさんの花が咲く

宇戸田　貢（延岡市立南小学校）

「そんな考えがあったのか。」「あの子が勇気を出して発表した。」毎時間の授業の中にワクワクがある。「昨日はよそよそしかった二人が今日は笑顔で楽しそうに会話している。」ふとした休み時間に嬉しさがある。「先生～。久しぶり～。」休みの日の街中で教え子に声をかけられ、その成長に喜びがある。

教職について二十一年。毎年三月を迎えると、一年間学級担任をしてきた子どもたちを前に本当に教師をしていて良かったと思う。この出会いを幸せだと思う。長い人生のたった一年間でもそこには確かにお互いに成長した姿がある。お互いに向き合った真摯な姿がある。感動もつかの間、四月の新しい学級に向けての準備に追われる。今年はどんな学級になるかな、どんな成長を見せてくれるかな、忙しい中でも心は躍る。

現在、教職を目指しているみなさん、教職を目指そうかなと考えているみなさん、教師は本当に素敵な職業です。魅力的な職業です。もちろん、いいことばかりではありません。授業がうまくいかないこともあります。子ども同士のトラブルに頭を悩ませることもあります。親御さんからのクレームもあるかもしれません。でも、考えてみてください。世の中にいいことばかりの、楽なことばかりの仕事があるでしょうか。確かに教職の仕事は大変なこともあります。しかし、それを遥かに上回るやりがいと感動があります。

先生のおかげで

自信がなかった時
先生が励ましてくれた
「自信をもって」と

悩み事があった時
先生が解決してくれた
「大丈夫だよ」と

嬉しいことがあった時
先生も喜んでくれた
「よかったね」と

この一年
いろいろあったけれど
すべてが先生の言葉で変わった
ありがとう
先生

卒業式に児童が贈ってくれた詩

私は、学級通信のタイトルを「蕾」としています。それは、子どもたちはどの子もたくさんの可能性を秘めた蕾だと思っているからです。授業を通して、学校行事を通して、友だちとの思い出や悩みを通して、その蕾がどんどんと栄養を蓄え、膨らみ、たくさんのいろいろな花を咲かせるのです。その瞬間を一番近くで見ることができ、その感動を一緒に味わえる幸せが教職にはあるのです。

私は、この仕事が好きです。この仕事に誇りをもっています。これからもたくさんの花を咲かせるお手伝いができることに心を躍らせています。

学ぶことが楽しい授業をめざして

金丸　睦子（宮崎市立学園木花台小学校）

自分はどうして教職を選んだのだろう。ふとそんなことを考えました。

小学校時代の私は、窓際のトットちゃんみたいな元気のいい女の子でした。じっとしていることが苦手で、朝自習の時間に歌手の物まねをして靴箱に立たされたことがあります。でも、そのときの担任の先生が、私は大好きでした。その先生は私の書いた詩や作文をほめてくれて、掲示板に紹介したり当時のガリ版印刷で学級通信に載せてくれたりしました。「へたなシャレはやめなシャレ」とダジャレで笑わせたり、夏休みに特別に水泳を教えてくれたりしました。悪いことをしたら厳しく叱るけど、子ども一人一人をよく見ていて可能性を引き出してくれる。そんな先生が大好きで、その先生が転勤されるときは大泣きしたことを覚えています。

中学校に進学すると学級担任制から教科担任制になり、新たに学習する英語の時間がとても楽しみでした。英語の先生は英語の歌をたくさん教えてくれました。「この曲は英語をきれいに発音できるから覚えなさい。」と薦めてもらったカーペンターズのイエスタディワンスモアは、友だちと何回も練習しました。今でも口ずさむことができます。

高校に進学すると大学を卒業したばかりの新進気鋭の女の先生に英語を習いました。高校二年のときに交換留学制度があり、オーストラリアから一年間留学生がやってきて英語の先生と留学生を囲んで昼休みはいつもしゃべっていました。初めは通じなかったお互いの言葉が、アイコンタクトやジェスチャーを交えて通じた瞬間の嬉しさ。もっと話せたらもっと楽しいだろうなと思う空間を体験できたことが、私が英語の教師になったきっかけです。

そうです。私はとても幸せな学生時代を過ごしました。「学ぶことが楽しい。」と感じる授業を受けることができたので、自分もそんな授業をしたくて教職に就いたのだと思います。

私の中での学ぶことが楽しい授業とは、子どもたちの知的好奇心を揺さぶり、できるようになりたいと一人一人が願う授業です。そのためには、学習指導要領を紐解き教科の目標を十分に読み深めることや、単元のゴールを設定し学習活動を組み立て、習熟の度合いや興味・関心に合わせて微調整していくことが必要です。確かに準備は必要ですが、こうして組み立てた授業では、子どもたちの表情が生き生きとしてきます。どんな子どもたちでもできるようになりたい、今よりも成長したいという願いをもっています。その願いに寄り添うのが、教師の仕事だと思います。

振り返ればたくさんの子どもたちや先生方との出会いがあり、その一つ一つが今では私の宝物です。うまくいかなかったり失敗したりもしましたが、生来の負けず嫌いであきらめの悪い性格から今日に至ります。子どもたちと出会い、一緒に勉強したり遊んだりしました。運動場を何回も走ったり二重跳びを競ったりしました。先輩の先生方から教えてもらったり励ましてもらったりしました。また、保護者の方からはたくさんの応援やメッセージをいただきました。学校は子どもたちの可能性を見つけて育てる素敵な場所です。若い世代の皆さんがこれから教師を目指し、子どもたちに夢をたくさんもたせてくれることを願っています。

夢中になってくれる喜び

河野　和寿（宮崎市立宮崎東小学校）

算数の授業中に、「どうして算数を勉強しなきゃいけないの？」という疑問をもったことがある人がいると思います。逆に、そのような疑問はもったことがない人もいるでしょう。では、その二者の違いは？　その答えの一つは、算数を楽しめていたのか、そうでなかったのかだと言えるのではないでしょうか。例えば、テレビゲームをしているときに、「どうしてテレビゲームをしているのだろう？」と考える人はいないと思います。ゲームをしている最中は、そんなことを考える暇もないくらい楽しんでいるからです。しかし、数時間夢中でやり続けて、高記録を積み上げてきたにもかかわらず、最後の最後に負けてしまい、その記録が全て消えてしまったとき、「自分は、なぜこのゲームに数時間もかけてしまったのだろう？」などの疑問をもつことはあるのではないでしょうか。

プロの教師としての私自身の役割は、学習指導要領に記載されている資質・能力を育成することはもちろん、それに加え、授業中に算数を勉強する意味を考えさせないくらい、夢中で算数に取り組ませるような「工夫」を行うことだと考えています。

三年生算数「たし算とひき算の筆算」のある一時間を例に、その工夫を紹介します。三桁＋三桁の筆算のやり方を学習した後、その学習内容を定着させるために、多くの練習問題をさせることがあります。そこで、教科書や問題集等に書かれてある計算練習をさせ、丸付けをしていくのであれば、正直、教師でなくてもできます。そこで、次のようにしてみます。「□□□＋□□□」と提示し、□には1から9までの数を入れます。1から9までの数は、一つの数に付き一度しか使ってはいけません。答えがゾロ目になるように式をつくるという問題を出します。

苦手な子どもは、多くの式をノートに書く中で、得意な子どもは、式は書かずに、頭の中だけでゾロ目になる式を考えるかもしれません。前者にとっては、ゾロ目になる式を考えている中で、多くの筆算を行い、実は筆算の練習を行っています。後者にとって、既に分かっている筆算をただひたすらにたくさんさせられることは、苦痛となるでしょう。しかし、ゾロ目になる式を考えるとすれば、筋道を立てて考えることになり、知的な好奇心をもって学習に取り組むことができるでしょう。どちらにしても、例えば、567＋432＝999という式を見つけると、888、777……を見つけたいという思いをもつことでしょう。しかし、666を見つける際に戸惑ってしまいます。どの子どもが解き、どんなヒントを与えることで全員が66になる式を見つけることができるか。それを活用して、555を見つけようとする子ども666のやり方を全体で話し合っているにもかかわらず、ノートに書き始めている姿。これらの夢中になっている姿を予想したり、授業中に見たりすることができることこそ、教師の魅力だと私は思います。自分が考えたことを夢中になって取り組んでもらえるって、うれしいですよね。

ここまでを読んで、666になる式を考えている方がいれば、幸いです。その方にはもう一問。1のゾロ目もできますよ。

素朴な疑問からつながる未来

郡司美和子（日南市立吾田小学校）

教員の世界は狭いと言われているけれど、たくさんの出会いがあります。「ひと、もの、こと」との出会いがある。そのことが、教職の魅力です。「新しい学校に赴任し、その土地ごとの郷土史を読み、当時の人々のすごさにふれる。先人が残したものを見て、地域の人々に話を聴き、郷土のよさを知る。」すると、郷土愛がよりいっそう深まります。

現在、社会科の指導教諭をしていますが、実は、社会科が一番苦手な教科でした。学生のころ社会科で勉強したことは、私にとって遠いところにありました。しかし、社会科で学ぶことは、生活の身近なところにあって、しかも、過去から未来につながっている。そのことに、教師になってはじめて気づきました。自動販売機の中身だったり、信号機のしくみであったり、日常にある一つ一つが意味あるものだと感じられてくる。すると、いつもの生活に彩りが生まれ、授業が変わりました。子どもたちの目も、輝いて見えます。

二十年も前に、未来の車について子どもたちと考えたとき、車が空を飛んだり残飯をエネルギーに変えたりといった意見がありました。子どもの発想は、未来につながっています。今、小学校で教えている子どもたちは、二十年後、三十年後の社会をつくっていきます。子どもの可能性を生かすのも殺すのも、教員次第です。子どもたちの斬新な発想は、これから来る新しい時代を予見させてくれます。教師の仕事は、直接的に社会に貢献していないのかもしれないけれど、未来を担っていく子どもたちを育てていく責任ある仕事だと思っています。教師は、子どもたちと一緒に成長していきます。教師自身ものの見方を更新できるところに、飽きることのないおもしろさがあります。子どもたちと接していると、新たな視点に気づかされます。自分が疑問にすら思わなかったことに、子どもの素朴な疑問は目を向けさせてくれます。自分の価値観だけにとらわれないことを、教師として大切にしてきました。

教師自身が決めつけてしまわない。そのためには、教師自身が目を開く必要もあります。世の中には、どんどん新しいことが出てきます。いろいろな考えが生まれているのに、教師が知らないままでいると、教師も子どもも人間の幅が狭まってしまうのではないかなと思います。

子どもたちにも、「いろいろな考え方があってもいいんだよ。」と日々伝えています。一つの正しい答えを出す。そうした正解を求めるのではなく、先生が言っていることも、「なんで?」って思うことは悪いことではない。疑問が浮かべば、「どうしてですか?」と尋ねていい。子どもたちと共有していきたい関係性です。

教員になりたてのころは、目標に向かって一直線に流れていく授業を追い求めていました。そうではなくて、子どもの思考や反応に目を向け、着地点を子どもたちとつくっていく。指導教諭になり、ふだんからそのような授業づくりを大切にすることで、自分の視野もひろがっていくことに気づいてきました。子どもたちと、「知りたい」「考えたい」を積み重ねていく。そうした授業が、教師である等身大の自分自身をも豊かにしていくと考えています。

終わらない小学校生活

髙橋　武大（宮崎市立国富小学校）

私は大人になりたくなかった。子どもの世界がとっても輝いてみえて、その世界にずっといたいという思いがあり、現在も学校で過ごしています。こんな心持ちだからか、約二十年この仕事をしていますが、子どもの前で「先生はね……」みたいに自分のことを先生と呼ぶことに慣れません。

これまで教職に携わってきた結論としては、「やっぱり子どもといっしょに子どもの世界で過ごす時間は素敵」ということです。

小学校では、朝の会がありますが、感染症が落ち着いたときに真っ先に再開したのは「歌」でした。この活動での教育的効果はいろいろあるのだと思いますが、私は子どもたちの歌声を朝から聴けることに幸せを感じています。劇的に成長する過程の中で今しか聴けない声で歌う子どもたち。その瞬間にその空間で聴けるプレミアチケットをもらった感じがして、とても幸せな気持ちになります。低学年のかわいい歌声、中学年の元気ときれいが混じった歌声、少し大人に近付いている高学年の歌声、それぞれが素敵です。

子どもの瞳はどうしてあんなにキラキラ輝いているのでしょう。私は、子どもの瞳が輝く瞬間が大好きです。純粋で真っ直ぐな想いを宿した瞳と会話するだけで、心が洗われます。また、毎日の学校生活の中では、ほめられてにっこりする姿、友だちの頑張りやよさを手放しで喜んだりほめたりする姿、目標に向かって一生懸命取り組む姿、きっとできると信じる姿……が溢れています。そしてこれらは、大人になるとできなくなってしまう姿でもあります。教室では、「こうでありたい！」という手本を子どもたちが毎日みせてくれます。

子どもたちは本当にいろいろです。一人一人がこれから、どのように成長し、どのような人になっていくのかはもちろん楽しみですが、今でも十分魅力的です。大人が考えつかないような視点をもっていることも珍しくありません。学校は、いろいろな子どもたちと集団で生活すること自体が子どもにとっての学びですが、私自身にとっても大きな学びです。それを、世の中の枠組に囚われていない時期に出会え、得した気持ちになります。

授業を創ることは、オーダーメイドでものづくりをする職人さんに似ているように思います。目の前にいる子どもにぴったりの服を仕立てるような感覚……。少し大変ではありますが、これが楽しいし、難しいです。よい授業では、子どもたちはいきいきします。例えば、体育科の学習では、子どもたちの実態をとらえた夢中になれる活動を仕組むと笑顔が溢れ、対話が弾み、時には楽しくなって飛び跳ねる子どもまで出てきます。このような姿をみてしまったら、もう授業づくりはやめられないです。

私が感じている教師の魅力は、まだまだ尽きません。あなたが、いつか教師になって、子どもの世界にあふれている魅力に出会えますように……。

子どもの内なる可能性を信じる心

中山　修子（西都市立妻北小学校）

「教師の魅力とは何か」を一言で言うと、「子どもの内なる可能性を引き出すことができたときの喜び」が教師の魅力だと考える。そして、教師を楽しむ原動力だと実感している。

私が、小学二年生のとき、日本の昔話「だいくとおにろく」の一場面を感想画に描いた。筆にたっぷりの水を含ませて、鬼が川の渦の中から出てくる様子を思いのままに表現した。当時、教員一年目だった担任の岡西先生が、「これはすごい！　色付けだけで、こんなに迫力ある絵になるんだね！」と学級のみんなに嬉しそうに紹介してくれた。ただ何気なく自分が好きなように色を塗っていただけなのに。私は岡西先生との一年間で、今まで気付くことのなかった「自分のよさ」をたくさん知ることができた。そして、自分のよさを発見してくれた岡西先生のような教師になりたいという憧れを抱き教職を目指した。

これまでの二十数年間の教職人生の中で、多くの子どもたちと出会ってきた。「子どもの内なる可能性を引き出すこと」は言葉で言うのは簡単だが、たやすいことではない。時間も根気も必要だ。なぜならば、子どもの性格や家庭環境、子どもが輝くタイミングも人それぞれだからだ。若い頃は、子どもを枠にはめることで自分が安心するような教師だった。しかし、子どもたちと共に過ごしていく中で、教師も子どもも自分らしくありたいと考えるようになった。

朝来ると教室の電気を付けて窓を開けている子、友だちが困っていることに気付きそっと寄り添っている子、けんかをしている仲間の仲裁をしている子、体育の前には体育館の窓を開け準備をする子、教師が手紙を配り忘れているといつの間にか配ってくれている子。子どもは、頼まれたわけではないのに、自ら気付き動く力をもっている。教師の仕事は、子どもを枠にはめて管理下に置くのではなく、子どもたちの無自覚な言動に価値付けすることこそ大切なのだと思う。「あなたが仲間のために考えて行動したことはとても素敵なことだよ。」「あなたが自分で考えて行動したことならば、たとえ失敗したとしても誇らしいことなんだよ。」と、子どもがもっと成長したいと思う言葉をかけ、子どもの姿を価値付ける。言葉をかけた子どもの目の奥には、その子の更なる可能性を感じる。教師としての喜びだ。そんな毎日を積み重ねていくうちに不思議なことに、子どもたちは、いつの間にか慌てん坊でおっちょこちょいな私を温かく受け止め、笑顔で支え助けてくれるようになる。そして、おっちょこちょいだけれど一生懸命な先生を大好きだと言う。「本当に幸せ者だな」と子どもたちに感謝する毎日だ。

きっと、自分一人では自分のよさに気付くことはできない。しかし、教師との関わり、学級の仲間との関わりを通して、自分のよさに気付くことができるのだと思う。子どもを枠にはめようと思っても、子どもたちの可能性は決められた枠を超えてくる。自分勝手とは違う。子どもは尊い存在であり、内なる可能性をたくさん秘めている。学校は、「一人じゃできないことも、仲間とならばできるようになる」という経験をするところ。子どもの内なる可能性を人とのつながりの中で引き出すことのできる喜びは教師しか味わうことのできない幸せだ。

スタートラインは教師の「ワクワク」

長谷　寛子（延岡市立旭小学校）

「長谷先生は、なんで先生になろうと思ったんですか？」

受け持った子どもに何度もされた質問です。私が教員になりたいと思った始まりは……一本の採点ペンです。私が小学生だったころ、あの採点ペンは簡単に手に入るものではありませんでした。あのペンを使ってみたい！　あのペンで丸付けがしてみたい！　それが始まりです。そんなきっかけでスタートした私の教員人生も今年で二十年目になりました。毎日が決して同じではない。こんな刺激的で面白い仕事、ほかにはそうそうない。教員になって良かったと心から感じています。

教師の魅力の一つ目は、子どもたちと一緒に授業をつくり上げていくプロセスにあります。授業は教師が一方的に知識を伝える場ではなく、教師と子どもたちと協働で、あるいは子どもたち同士が協働で学びを深める場です。教師は子どもたちの興味関心に基づいて授業を設計し、子どもたちの意見やアイディアを取り入れることで、より主体的な学びを引き出します。私は現在、外国語活動・外国語科の指導をしています。ペアで英語を使ってやり取りをする活動で「○○の言い方が分からない」と子どもから質問があっても、私はすぐには教えません。あえて「自分の知っている英語でどうやって言えば伝わりそう？」とクラス全員に考えさせます。子どもたちは自分の持っている英語の引き出しから、様々なアイディアを出します。「教えて覚える」とは違う学び、そこには伝える喜びや自信が生まれる瞬間がたくさんあります。

子どもたちの成長を直接感じることができるという点でも大きな魅力があります。子どもたちが日々成長し、学びを深めていく姿を見ることは教師にとって大きな喜びです。昨日できなかったことが今日はできるようになっている。それを共に喜び合うことができるのも大きな幸せです。子どもたちの達成感を味わっている姿、授業中に「分かった」瞬間の子どもたちの表情、輝く瞳。幸せは日常の中にたくさんあふれています。

さらに、教師自身が楽しむことが、子どもたちの学びにも大きな影響を与えるという点も重要だと考えています。教師自身が授業を楽しんでいる姿は、子どもたちにも伝わります。教えている教師自身が「楽しい」と思えない授業を受けている子どもたちが「楽しい」と感じるはずがありません。教壇という舞台は、教師のワクワクがスタートラインだと思っています。教師が楽しむ姿勢をもつためには、自分自身の専門性を高めることが重要です。常に学び続ける姿勢を忘れず、研究と修養に努め、自分自身も子どもと共に成長していきたいと考えています。

皆さんと教師として一緒に働くことができる日が来るのを楽しみにしています。子どもたちと共に学び、成長する場をともにつくり上げていきましょう。

「教える喜び　育てる感動」を一緒に味わいませんか。

大きなやりがい、たくさんの感動

日高　恵一（都城市立祝吉小学校）

「教師という仕事の魅力って何だろう。」と考えてみました。すると、次から次に頭に浮かんできます。教師って本当に素晴らしい仕事だと改めて思いました。そんなたくさんの魅力の中から、いくつか紹介します。

何かを教え、分かってもらえてうれしかったという経験をしたことはありませんか。その何かとは、勉強のことでも部活のことでも構いません。工夫して教えたことで、分かったりできたりしたときの相手の嬉しそうな表情を見ると、こちらまで嬉しくなりますよね。それこそが、教師という仕事の魅力の一つです。教師の仕事の大きな一つに授業があります。楽しくて分かりやすい授業になるよう、日々工夫し、努力しています。アドバイスの仕方を工夫したり、写真や模型を用意したりします。その結果、分からないと頭を抱えていた子どもが、「そうか、分かった。」と、笑顔になったり、なかなかできなくて自信をなくしかけていた子どもが、「先生、できたよ。」と、嬉しそうな表情を見せたりしたときは、大きなやりがいを感じます。もちろん、分かりやすくて楽しい授業をするのは簡単なことではありません。どのように教えればよいか悩むこともあります。準備にたくさんの時間がかかることもあります。けれども、「分かった。」「できた。」と、きらきらと輝く子どもたちの顔を見ると、そんな苦労は吹き飛びます。

また、みなさんの中には、好きなスポーツチームや、部活の仲間、家族のことを応援して大きな感動を味わったことがあるという人もたくさんいることでしょう。そんな感動をたくさん味わうことができるのも、魅力の一つです。私たち教師は、学校の中で子どもたちの一番近くにいる応援団です。特に小学校だと、子どもたちが、朝、登校してから、夕方、下校するまでの時間のほとんどを、学級の子どもたちと一緒に過ごします。子どもたちは、毎日たくさんのことをがんばっています。それを一番近くで見守り、応援できるのが教師です。上手くいくことばかりではありません。失敗して落ち込む子どももいます。時には注意しないといけないこともあります。そのようなときも教師は全力で応援します。そうして、何かができるようになったとき、ほんの少しでも成長することができたとき、一緒になって喜びます。応援している私たちも、大きな感動を味わうことができます。毎日が感動の連続です。

子どもは日々成長しています。少しずつ、けれども確実に成長していきます。そんな素敵な姿を近くで見守り、支え、応援することができるのが教師です。子どもたちの成長に関わることができるのは素晴らしいことです。教え方や言葉のかけ方など、教師としての自分を磨き続けることで、子どもたちもより大きく成長していきます。責任も大きいですが、それ以上にやりがいが大きいです。このように魅力がたくさんの教師という仕事。ぜひ、たくさんの方にめざしてほしいです。未来の学校で、子どもたちがあなたを待っています！

終わりに向かって一歩ずつ

増岡亜衣子（宮崎市立檍小学校）

「教職に就いてよかった。」

この思いを一番強く感じる日、それはやはり三月末に迎える子どもとの別れの瞬間だと私は思っています。修了式や卒業式前日に、子どもたちが最高の笑顔で通知表（あゆみ）を受け取り、それを胸に笑顔で帰っていく日、このときほど、この仕事を選んでよかったと思う日はないように思います。この日を迎えるために、地道に丁寧に指導を行い、信頼関係を結びながら一日一日を紡いでいく。それが私たちの仕事です。その日々の仕事を二つ紹介します。

日々の学級づくり

子どもたちは、一日の大半を学級で過ごします。性格も育った環境も違う子どもたちが大勢集まって過ごす、いわば「小さな社会」、それが学級です。どのように居心地よくするか。それは、教師の在り方をも問われているように思います。

私自身は、次のようなことを意識しています。「一、朝から笑顔で一日をスタートする。」「二、時間や約束を守る。」「三、子どもの言い分をしっかり聞く。」「四、思いやりをもって接する。」「五、互いを認め合うよう支援する。」子どもたちにとって、どのような学級になると居心地がよいかを考えながら、学級づくりをしています。とはいえ、教師だけでは学級はつくれません。子どもと一緒につくり上げるというスタンスを決して忘れず、子どもと共に学び合う環境にしたいと考えています。

日々の授業づくり

子どもたちは、もちろん給食、昼休み……授業外のことを楽しみに登校しますが、やはり一番長いのは、教室で授業を受ける時間です。その時間を無駄にしてはいけないと思っています。「子どもが興味をもつことは、どんなことだろう。」「このように発問すると、子どもはどう応えるかな。」そう考えながら毎日の授業をつくるのは、大変な仕事でもあります。それでも子どもが「分かった」「できた」と喜ぶ姿は、何にも代えがたい喜びであり、苦労が報われるときでもあります。子どもたちは皆、成長を願って学校に登校してきます。「分かるようになりたい。」「できるようになりたい。」そんな素直な願いに対して、私たちはどう向き合っていくのか、これが授業づくりの根本のような気がします。

このような営みは、決して平坦《へいたん》な道のりではありません。しかし、毎日の積み重ねが一年間を創り上げ、大きな成長として表れ、それが何倍もの喜びや感動となって返ってきます。「先生の学級で良かった。」「成長できた。」「自信がついた。」そんな言葉を子どもから聞くことができると、教職に就いてよかったと実感します。また、そうやって一緒に過ごした子どもたちが大人になった姿は、何にも代えがたい感動です。

出会いと言葉に支えられて今がある

渡辺　頼子（宮崎市立檍北小学校）

先生という道を歩き始めて三十年を超えた今、これまでを振り返ってみると、何度思い出しても教え子たちの笑顔が頭に浮かぶ。苦しいこと、悔しかったこと、涙を流したこともたくさんあったはずなのに、教え子たちの楽しそうな笑顔、嬉しそうな笑顔が浮かんでくる。きっと先生という仕事を通して、子どもたちの成長の嬉しい瞬間に立ち会ったり、成長をサポートしたりするだけでなく、自分自身が励まされ、支えられ、成長させてもらって今があり、「やりがい」という名の自己存在感や自己肯定感につながっているからなのだろう。

「先生」という仕事は、決して完璧で偉い仕事ではなく、私自身はいつも「先生は、子どもたちの先を生きる人」だと考えている。だから、先生も失敗するし、不安にもなるし、助けてもらうこともある。そして、先生は子どもたちの身近にいる生き方のモデルになる立場だと考え、自分らしく誠実に生きていたいと常日頃考えている。

今の自分が先生として存在しているのは、家族や先輩方、同僚、教え子たちとその保護者など、様々な人との出会いがあったからだ。出会った人たちから教えられたこと、気付かされたことがどれだけあるだろう。未熟な自分がここまで成長できたのは、出会った人たちからの学びが大きい。それらの学びが言葉として私の中にある。

そんな中でも、教え子たちからもらった数々の言葉が印象に残っている。

「先生の言葉で元気が出たし、大人の味方もいるんだと安心しました。その日から、私は先生の話をもらさずに聞こうと決めました。」「先生はぼくの救世主です。四月には信じられないくらい態度の悪かったぼくを、今はいろいろな先生にほめられるぼくにしてくれました。ありがとうございました。」「渡辺先生、超分かりやすい。先生の喜怒哀楽分かりやすいから、先生といると楽。何考えているか分かるから気を遣わなくてすむ。安心する。」

仕事で壁にぶつかって苦しいときに、私を支え、救ってくれた言葉だ。また、数年前の教え子から教えられた言葉も、今の私の先生としての在り方に刺激をくれた。

「体は食べたもので作られる。心は聞いた言葉で作られる。未来は話した言葉で作られる。」

教え子がネットの中から見つけてくれた言葉で、先生という仕事の根幹を表現した言葉だと衝撃を受けた。先生として発する言葉の重さを痛感した。今の私を支えている言葉だ。

多くの人、言葉、先生という仕事との出会いは私の宝だ。先生という道。選んでよかった。

「先生」とは何か

「先生」って、どんな人をイメージしますか。渡辺頼子さんは、完璧な人でも偉い人でもないと指摘します。(本書、34頁)先生は、失敗もするし、不安にもなるし、助けてもらうこともある。自分をさらけ出し、子どもや同僚を信頼し、自分らしく誠実に生きる。先生は、子どもたちの「先」を「生」きる人と書いて、生き方のモデルになる立場だというのです。

では、真似をしたくなる生き方って、たとえば、何だと思いますか。あなたは、どのような先生のふるまいやたたずまいをイメージしましたか。時間や約束を守る。子どもの言い分をしっかり聞く。思いやりをもって接する。(本書、32頁)増岡亜衣子さんは、「人としてあたり前のことを徹底する」と言っているのだと思います。名前をきちんと呼んだり、子どもの提出物をていねいに扱ったりする人は、子どもという存在を大切にしている先生です。生徒より先に教室に入室したり、生徒を不用意に休み時間に呼び出したりしない人は、子どもたちの時間を大切にしている先生です。課題がなかなか終わらない子どもに対して、「早くしなさい」と注意するのではなくて、ていねいに書いていることを見つけたり、最後までやり遂げたことをほめたりする人は、子どもたちの可能性を信頼している先生です。みなさんのまわりには、どのような先生がいますか。

たとえば、「おはよう」「さようなら」といった挨拶を、子どもたちより先にしている先生はいますか。さらに、「○○さん、おはよう。最近、繰り返し発言を工夫しているね。友だちの発言をしっかり聞いていて、うれしいよ。」とか、「○○さん、さようなら、今日は助かったよ。よく気が付いたね。ありがとう。」とか、子どもの名前を添えて、もう一言付け加えている先生はいませんか。先生は、日々子どもの変化に気付いたり頑張りを評価したり役割に期待していることも伝えたりする人ではないでしょうか。挨拶が、社交辞令ではなく、関係を積み重ねていく言葉になっているのです。

あるいは、子どもたちが掃除の時間に誰も掃除をしない学級で、子どもたちが学校に来る前に、お昼休みに、掃除の時間に、そして放課後に、毎日一人でさまざまなモノが散乱している教室を片づけ、落書きが残ったままの黒板を拭き、ぐちゃぐちゃになった机といすをもとに戻し、始業式のきれいな状態を保っていた先生を、私は知っています。なぜ、教室をきれいに保つのか。それは、教室が先生だけの部屋ではなく、子どもたちとの空間だからです。先生どころかおとなへの信頼を失っていた子どもたちのモノや言葉を大切に扱うことから始め、味方になる子どもを一人ひとり増やしていったのです。子どもの問題行動に目を向けるのではなく、子どもの行動が示している問題提起に耳を傾けているのです。

子どもたちには、教員の言動に潜んでいる考え方が伝わっています。子どもたちに何かを求める前に、自分自身は子どもたちに求めていることをできているのか。「やらなければならない、だから、している」のではなくて、自然とそうしていることなのか。そうした子どもに対する教師の存在のありようは、これまで「まなざし」という用語で示されてきました。「まなざし」は、子どもと話すときに、目を合わせるということではなくて、子どもの瞳に映る自分を自覚するような関係です。子どもたちに自分がどう見られているか。子どもの言葉にならない声を聴きとろうとしているか。困った子どもではなく、困っている子どもと理解し直すとき、教師側の子ども観の転換だけではなく、子どもにも教師観の転換が起きているのか。

先生には、子どもたちの前に立つということに、覚悟と凄みがあります。みなさんも、教員に留まるのではなく、先生になってみませんか。

【竹内　元】

特技が生かせる仕事に

甲斐日美子（綾町立綾中学校）

中学生のころ、イラストを描くのが趣味で漫画家になりたかった。縫物が好きでデザイナーになりたかった。書道を習っていてお習字の先生になりたかった。学校は好きでも嫌いでもなく、運動が苦手、友だちも少なく、部活動にも入っていない。なんとなく毎日を過ごしているような子どもだった。自分が学校の先生になるなんて思いもしなかったし、希望もしていなかった。しかし、教壇に立って〇十年になる（この年になっても年齢公表には抵抗がある）。

大人になっても毎日学校に通い、高校・大学の七年間以外はずっと給食に育てられ、大嫌いだった運動会に毎年参加している。「なんで私が……」と思うが、これが続いているのだから結構自分に合っていたのかもしれない。いや、合っていた以上に教師って魅力がある仕事なのかもしれない、と今回の原稿を考えているときに思った（いや、気づいてしまった！）。

年々「教師っていい仕事だな」と思うようになっている。教師になりたての頃は先輩の先生たちについていくのに必死で、最初の三年間くらいは自分がどのような授業をしていたのか記憶にないくらいだ。苦手だった生徒指導のことなら覚えているのに、みんなに分かりやすい授業をしていたかどうか甚だ自信がない（昔の教え子たち、ごめんなさい）。しかし楽しかったのは覚えている。中学校時代の恩師と一緒に働いて「先生に『先生』って呼ばれるなんて！」と誇らしいやら恥ずかしいやらになったり、「学校って裏でこんなふうに先生たちが動いていたのか！」と衝撃を受けたり。とにかく一年間が行事に追われてあっという間に過ぎていくので（君たちも実感していることでしょう）気が付けば最初の生徒はもう卒業。友だちにヘトヘトの毎日を愚痴っていると「毎日変化があって楽しそうだね。」と言われたが、まさにその通りだと思った。

そんな毎日の中で、一番楽しいのは授業だ。自分の好きな教科を仕事にできるのは幸せなことだ。私は国語科だから、作文、文法、物語……もちろん、お習字。いつも生徒の発想と成長に感動しているが、国語が苦手な生徒にも「なんだか面白い」と思ってもらえるようにするのが私の仕事だ。「伸びろ〜、伸びろ〜」と心の中で念じながら授業をしている。

心も体も大きく成長する中で、もがき、悩み、時には涙する生徒。そんな姿もキラキラと輝いて見える。「あのときがあったから今の自分がいるんだ」と自信をもって羽ばたけますように、と応援せずにはいられない。そんな「伸びゆく者」を応援できる仕事、それが教師の魅力だ。

みなさん、将来の夢はもう決めていますか？　これから検討ですか？　全然イケてない中学・高校生時代を過ごした私だが、幸いなことに、お習字、イラスト、裁縫、どれも教師になっていろんなところで役に立ってくれた私の武器だ。皆さんはずっと続けたい特技はありませんか？　それが生かせる職業がありますよ。進路に迷ってる？　だったら、ぜひ教師に。きみの力を発揮する場所が待っていますよ。

逆風への反論

染矢　直樹（高鍋町立高鍋東中学校）

今、この本を手に取っている皆さんにお聞きします。「ウクライナ侵攻、ガザ地区の紛争は終わっていますか？」「アメリカの大統領には誰が就任しましたか？」「異常気象、パンデミックに人類はどう対処していますか？」他にも聞いてみたいことがたくさんあります。これから皆さんが生きていくのは、「不透明・不確実な社会」です。誰も経験したことがない未知なる海を航海していくことになります。その未知なる航海の導き手になるのが、教師だと私は考えています。しかし、導き手である教師の仕事は、今、大変な逆風に晒されています。教員志願者が過去最低、過重労働、ブラック職場など、日々、教師に関するネガティブなニュースが流れています。定年退職を過ぎ、年齢の衰えを感じつつも、教師の仕事を続けている私にとって厳しい現状ですが、これまでの経験を踏まえて、逆風（教師の仕事は大変だ、やりがいを感じない）へ反論してみたいと思います。

長く教師を続けることで、本当にたくさんの子どもたちと接する機会をいただきました。子どもたち全員を詳しく覚えていませんし、うまく関係性を築けなかったケースも多々ありました。ただ、教え子から思いがけずに声をかけられたり、突然の手紙やメールをもらったり、結婚式や同窓会へ招待されたり、教師ならではの特権だと感じています。先日、まだ私が教師を続けていることを知った一人の教え子（彼女は立派に高校の先生をしています）から、次のようなメールが届きました。

「急なメールでの失礼、お許しください。中学校時代は大変お世話になり、ありがとうございました。今、この道に進めたのは先生のおかげです。3年生の進路面談で、福祉科と普通科への進学を迷っていた私に「高校3年間、ゆっくり考えて自分の納得いく道に進みなさい」とおっしゃってくださいました。間違いなく、納得いく道に進むことができ、大変ではありますが、充実した楽しい毎日を過ごすことができています。先日、Super Teacher 通信を拝見しました。お変わりなく、メッセージもあの頃の先生と同じだ、と涙が出てきました。先生の授業をもう一度、受けたいです。」

今から二十数年前のことです。失敗ばかりで、子どもたちに迷惑をかけたことしか覚えていませんが、このようなメールをいただき、感謝しかありません。確かに教師は、多方面の高度な専門性が求められます。では高度な専門性がなければ、教師になれないのでしょうか？『教師の資質』の著者（諸富祥彦氏）は、「教師と言う仕事は、子どもたちの人生に大きな影響を与える仕事です。そして、使命感（ミッション）と情熱（パッション）の二つが教師として最も大切です。」と力説しています。使命感と情熱があれば、素晴らしい導き手になれるのです。「LINEリサーチ（令和5年度）」から、高校生のなりたい職業の第2位が教師であると知りました。逆風の中、とてもうれしいニュースです。最後に、もう一度新しい仕事を選ぶならば、私は教師を選びます。逆風に負けないやりがいがある仕事、それは教師です。

共に変わり喜べる日々

髙平　佳代（西都市立妻中学校）

「将来先生になったらいい」、小学校四年生のとき、当時の担任の先生に言われた言葉です。どんな状況でその言葉を言われたのか、全く思い出せません。しかし、ピピッときた先生のこの一言は、ずっとわたしの心に残っていました。優しく穏やかで、得意なことをどんどん伸ばしてくださる素敵な先生でした。できるようになったことやうまくできたことを一緒に喜んでくださり、新しいことを学ぶおもしろさを見つけたのもこのころだったと思います。児童を姓ではなく名前で呼んでくださるのも、うれしく感じていました。歌やピアノが上手で、こんな先生になりたいと漠然と思うようになりました。

中学生のときから英語が好きで、それを教えたいと考えていました。大学四年生のとき、教育実習で生徒たちが「授業が楽しい」と言ってくれたことが、最終的に「教職を仕事にしよう」という決心につながりました。実際に生徒に接することで、生徒たちに英語を好きになってほしい、英語を使えるようになってほしい、その手助けができることは素晴らしいことだという具体的な目標にかわったのです。

わたしが思う教職の魅力は二つあります。

一つは、生徒の可能性を引き出してあげることです。わたしは中学生のころ、英語は好きだったけれど、得意ではありませんでした。だから、勉強にとても苦労していました。留学して何とか英語を使えるようになり、「言語の学習とは」を考えることができました。生徒には、わたしが大学生でやっと体験したことを、中学生のうちから学んでほしいと考えるようになり、それを授業で生かすようにしています。英語が苦手だと思っていても、楽しく使う学びをするうちに、英語がなんとなく使えるようになっていたり、間違うことを躊躇しなくなったり、英語が好きになってきたりすると、とてもうれしくなります。

もう一つは、学ぶことがたくさんあるということです。ＩＣＴが導入されたり、新しい指導方法が発表されたりして、一つのところにとどまることはありません。新しいことを学び、それを実践してみることや、それによって生徒の学びがさらに変わっていくことを実感できるのは、学校の先生をやっているおもしろさではないかと思います。自分も生徒と一緒に授業を楽しみ、生徒ができるようになったことを共に喜べる、先生ならではの経験だと思います。

わたしはこれまでの教職の中で、多くの先生方にお会いして、たくさんの学びを得ました。それは、実際の授業においてだけではなく、自分の子育てやものの考え方にも影響を与えていると思います。担任の先生の一言は、私の人生を方向づけるきっかけとなりました。自分も生徒たちの生き方にヒントを与えられる存在になれたらいいなと思いながら、日々を過ごしています。

そこにまばゆい光がある

遠目塚由美（宮崎市立東大宮中学校）

大学生のとき、オーストラリアに一年間留学したことが、英語の教師になるきっかけでした。現地の中学生に日本語を教える機会があり、日本の文化を伝えるつもりで引き受けました。鬼のお面を作ったり、体全体を使った「じゃんけん」をしたり、簡単な日本語を教えて会話したり、一人ひとりの名前をカタカナで書いてあげたりと、毎回楽しみながらの授業。生徒が少しでも日本語を話せるようになるとワクワクが止まらない。次は何をして生徒たちを楽しませようか、そんなことを毎日考え、教材準備の段階から楽しくて仕方がありませんでした。語学を教えることがこんなにも楽しいのかと、この経験を通して知りました。

中学生に日本語を教えている期間中に私は二十二歳の誕生日を迎えました。その日が私の誕生日であることをどのようにして知ったのかわかりませんが、「今日はユミの誕生日だからみんな外で一緒に写真を撮ろう。」ということになり、授業中に校庭に出て、生徒たちと一緒に一枚写真を撮りました。この瞬間でした。「私は日本に帰ったら、自分の国の子どもたちのために絶対に英語の教師になるのだ。」と固く心に誓ったのは。「外国語を学ぶというこんな楽しいことを日本の子どもたちに伝えない手はない。外国で、外国の子どもたちのために注いだ情熱を、今度は日本で、日本の子どもたちのために注ぐのだ。」この思いは帰国後も揺らぐことはなく、大学卒業後、無事英語教師としてのスタートを切ることができました。

教師になってからは、もちろんのこと、全てが順調だったわけはありません。若いころは苦しいことも多く、時として「自分は真っ暗なトンネルの中をたった一人で走っている」と感じたことも少なくありませんでした。「自分はこの仕事に向いていないのかも。」とか「教師を辞めたい。」と思ったことも一度や二度ではありません。でも、なぜ辞めずに続けることができたのか？　それは、真っ暗なトンネルの中にも一筋の光があったから。そしてその一筋の光があまりにもまばゆく美しかったから。その光というのは、一人の生徒の笑顔であったり、一人の生徒の優しい言葉であったり、ちょっとしたうれしい瞬間であったりしました。一筋の光は、年を追うごとに少しずつ束となっていきました。そして今では、大きなまばゆい光の束となって、自分の足元を明るく照らしてくれています。苦しいときは、教師になろうと決心した瞬間の一枚の写真（二十二歳のときのあの一枚）を眺めて初心を思い出してきました。そんな私の教師人生ももうすぐ出口に差しかかろうとしています。

今、教師の魅力とは何か改めて考えてみたとき、「生徒と楽しんで学び、共に成長できる」そして「そこにまばゆい光がある」、これこそが、私がたどり着いた「教師の魅力」です。これまでに、生徒を成長させるため多くの言葉を大切にしてきました。最後に一つだけ残すとしたら、それは「信じる」です。子どもたちの明るい未来を信じてバトンをつないでいきましょう。

一人一人の個性がキラリと輝くように

野﨑　智哉（都城市立姫城中学校）

クラス全員で知恵を出し合い、力を合わせて、大きな感動を味わってほしいと願っています。仲間と一緒にいろいろなことに挑戦することで、新しい自分を発見したり、自分の成長を感じたりできる日々になるようにサポートしています。

学級は【学び合いの場】だと考えています。スポーツやピアノなど、活躍する機会があれば、どんどん披露させます。「どう思われるかな。」「笑われたらイヤだな。」と思わせないような雰囲気づくりを意識しています。披露してくれることで、みんなが成長できるからです。

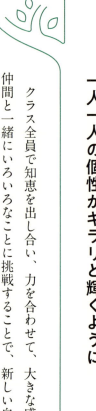

体育大会や合唱コンクールの練習など、学級全員でガチッとまとまらなくてはならない場面もありますが、普段は一人一人の個性がキラリと輝く学級であってほしいと生徒たちには伝えています。授業では自分の考えをしっかりと述べさせます。いつでもみんなと同じである必要はありません。考えを交流し、違いを認め合える学級が理想です。

出張のため、2週間で5日もクラスを不在にしたことがありました。「クラスは大丈夫だろうか?」と心配していましたが、この間、クラスは日に日にレベルアップ！　学級総務や生活委員会の生徒が時間厳守の呼びかけをしてくれたり、学習委員会の生徒がタブレットの準備や片付けをしっかりとしてくれたり。また、給食委員会の生徒や給食当番の動きも、毎日お見事！　清掃時間が設定されていない水曜日も、授業が終わると自主的に清掃を始める姿に感動！　職員からほめられることも増え、自信もついたようで、生徒たちからは「いつでも出張に行ってきていいですよ。安心してくださいね。」という声も聞かれました。

3年生になると受験のことが気になって不安な日々もあるでしょうが、学校行事にも全力で取り組んでほしいと思っています。「全力でやりきった！」という達成感があれば、「あとは勉強するしかない！」という覚悟がうまれます。行事を成功させるためにみんなで協力すれば、仲間との絆は強くなります。すると、生徒たちは励まし合いながら受験勉強を頑張ります。

一人一人の成長もはっきりと見えます。「挨拶や返事の声が大きくなったなあ。」「堂々と発表できるようになったなあ。」と。私が仕事を頼むと、「あ〜、それなら、もうやってます。バッチリです！」とか、「帰りの会で少し時間をいただけますか。みんなに伝えたいことがありますので。」とか。4月は指示待ちだった生徒たちが、2学期には、どんどん私の先を行くようになります。

【自己ベスト】を更新していく生徒の姿を見ることができて、それを応援できることは、教職の一番の魅力だと感じています。

未来の社会を創る原点は先生だ！

梅北　瑞輝（宮崎県立飯野高等学校）

生徒「先生。私たちの探究の実践で考えているプレゼンを聞いてどう思いますか？」
私「○○の部分は、どう考えているの？」
これは、日々私が生徒の〝問い〟を〝問い〟で返す対話である。飯野高校では、ローカルをベースに、グローバルな視点で地域課題や社会課題に自分の関心事からアプローチ、実践する取り組みを行なっている。これにより、主体的に活動する生徒が急増している。

このような教育活動を実践する背景には、常に「生徒がワクワクするような学びをどう創るか」を考えてきたことが原点にある。二〇〇一年の大学卒業と同時に高校教諭として採用されて以来、日本史の教科指導、クラス経営、校務分掌など教員になれば誰もが携わる業務においても、生徒が、（教員である）私が、ワクワクを前提にした教育活動を実践してきた。二十代（おそらく史上最年少）で進路指導部長を務め、〝キャリア教育〟をデザインしてプログラムづくりに奔走したときも「ワクワク」するものを揃えた。そういう意味では個々の裁量で決めることができることも多く、インターネットで労働環境がブラックだと言われる教員生活は、生徒たちと一緒にチャレンジでき、自分の成長にもつながることから楽しい仕事である。

だから、現在の勤務校である飯野高校でも新たな教育を創ることにチャレンジしている。どのような取り組みで生徒がワクワクする学びを創れるか。新たな学びづくりのヒントを探るために先進校へ行き高校教育のあり方を探ったり、地域や国内外の人々と対話を通して新たなプログラムを作れないかと考えたりするなど、私自身も常に探究している。生徒主体で地域の様々な人々と協働し、実社会を教材に探究すること、偏差値に関係なく目を輝かせながら自らワクワクを生み出す学びがこれからの時代に対応した高校教育だと思いプログラムづくりも行っている。地元えびの市出身である私にとってこうした新たな高校教育へのチャレンジは、教育が地域の魅力をつくり、「実現すれば全国から生徒が入学する魅力的な高校になる」「少子化の中で新たな高校の形になる」と県内では例のない、想像するだけでワクワクするチャレンジである。こうして、地域をフィールドにした〝探究〟を柱にした教育活動へ変えた結果、観光、教育、医療など生徒主体の探究プロジェクトが次々と誕生し学校全体のカラーとなっている。また、県内外の探究コンテスト等での入賞、難関大や医学部への合格をはじめ、メディアに頻繁に取り上げられるなど注目の高校に変わってきている。その証拠に今や全国からの入学生を迎え、全生徒の25パーセントが県外や海外に飛び出して学ぶ高校となった。

今、生徒たちが探究しているテーマは、答えのないものばかりである。ここでの教員は、〝教える〟ことから脱却し、同じテーブルで共に考え対話をすることが役割だと思っている。答えがない予測不可能な時代においては、未来志向で生徒と共に学ぶことは、今後の教員の役割であり、一緒にワクワクを共有することこそ大切だと思っている。そんな未来の社会を生徒と共に創る〝志事（志をもって向かうこと）〟ができる素敵な職業が教員である。

日常に「なんで？」があふれたなら

河野　正臣（宮崎県立妻高等学校）

高校教師は、子どもたちの成長を見届けていくことができます。子どもを成長させるというのではなく、一緒に学び、子どもたちとともに成長をつくっていくところに、おもしろさがあります。子どもたちは、毎年同じようにできることやできないことが決まっているわけではありません。しかも、日々著しく変化します。その場その場で何がベストなのかをともに考えながら、トラブルにつき合ったり、他愛もない会話に入り話を聞いたりしています。日常会話だからこそ、子どもたちに響くこともあります。

子どもたちは、高校に入学したとき、先生を教えてもらう人だと感じています。人間形成は、教える—学ぶといったタテの関係では成立しません。何かを与えればいいというものではなく、子どもたちのよさを引き出しながら、子どもたちが自分事として問題をとらえ、自分で考えられるようにしながら、ぎりぎりのときには支え、子どもたちの「やってみたい」に挑戦させていきます。

生徒は、家族と過ごす時間より長く、高校教師と過ごしています。私には、赤の他人ではない、本当の親のようになる感覚を覚えることもあります。高校生は大人になるときでもあるので、濃密な時間を共有するときもあります。

ところで、知識を得るというだけでは、学校に集う必要はありません。「生徒が学校に出てくる意味は何か」を考えていくと、日常にあふれている経験からいろいろなことを学ぶ、そうした場を大切にすることが教師に求められているのではないでしょうか。

その際、子どもたちには「なんで?」という疑問をもってほしいし、「なんで?」という問いかけに答えられるようになってほしいと考えています。「なんで?」という言葉は、自分自身を振り返ったり、第三者的に自分自身を見直したりするきっかけにもなります。「なんで?」という問いかけに、はっとした子どもたちが次に出してくる可能性にも期待しています。あるいは、答案を書くということも、答えや自分の主張だけでなく、相手から見て伝わるかどうかという大人の会話を成立させていくことです。「なんで?」とは、どうしてそういうことが起きるのか、どうしてそうなったのかという叱責ではありません。どうしてそうなるんだろうという好奇心を積み重ねていくことなのです。

「なんで?」という好奇心を大切にすると、教師自身も、新しい自分を発見できるような、知らないことを子どもたちの世界から学ぶことができます。私自身、宮崎市で最初のスクールカウンセラーのようなことをしていたこともありますし、数学だけでなく、情報という教科の世界にも思い切って参加してきました。知らない世界にどんな出会いがあるかと飛び込む。日々を新鮮に冒険することは、教師にこそ必要であり、そこに大変さもありますが、楽しさも溢れています。

キミの夢はボクの夢

東口　匡樹（宮崎県立宮崎西高等学校・附属中学校）

24－23。次は相手のサーブ。あと一点取られたら終わり。サーブがきた。サーブカットが返る。セッターがトスを上げる。エースが打つ！　しかし高いブロックが2枚待ち構えている。ドンピシャブロック。終わった……え〜〜〜!?　拾ってる?!　起死回生のブロックフォロー!!

正直、そこから先は覚えていない。気づいたら、私の隣のマネージャーが泣いている。でも笑っている選手もいる。どうやら勝ったようだ。私は、最初に勤務した学校では、バレーボール部監督だった。毎年、笑い、怒り、悔しくて泣き、嬉しくて泣いた。

気づいたら、私は地理の教員になっていた。ただ旅が好きなだけだった私だけど、旅が教室とつながったときのことは覚えている。中学校の社会のK先生だ。K先生の話を聞いていると、あたかもそこに行ったかのような気持ちになった。僕もそれならやってみたい。そうして紆余曲折を経て、地理の教員として教壇に立った。K先生みたいに話せるかな。不安がよぎる。ラーメンをめぐる日本一周。坂本龍馬の足跡を辿る旅。鹿児島から船で行った西表島でのジャングル探検。モンゴルで馬をもらった話。そしたら「先生、その後、どうなったと？」「先生、この前の続きは？」って聞いてくれた。自分の好きな旅の話を生徒も喜んでくれて、もっと世界を知りたいと言ってくれる。旅と教室がつながった。

教師の魅力の一つは、スポーツや教室などで、生徒の喜びが教師の喜びとなること。「キミの夢はボクの夢」なのだ。

今はＶＵＣＡの時代。そんな時代に必要なのは、自ら問いを立てる力。だから生徒一人一人が問いを考えてくる授業にした。生徒の問いにみんなで考える。最後は「先生はどう思いますか？」。なので、私の見解を述べる。そしたら「じゃ、○○ならどうなりますか？」新たな問いが生徒から出される。それにまた答える私。いつの間にか生徒が先生で、私が生徒になった。授業は完成形がない。毎年、毎時間、デザインする。授業は生き物だから予定通りに行かないし、二度と同じ授業はない。２０２２年、Ｇ７宮崎農業大臣会合にむけた「高校生の提言」プロジェクトのときも、毎回、生徒と対等に意見をぶつけあった。教師・生徒という立場は関係なかった。そうして作り上げた提言は、各国農業大臣の胸に響いた。奇跡が起きた瞬間だった。

教師の魅力のもう一つは、授業デザインによって生徒が劇的に変わることだ。生徒が自己を実現できるように、いい授業ができるようになりたい。「キミの夢はボクの夢」なのだ。「キミの夢はボクの夢」は、２０１６年のポカリスエットのＣＭのフレーズ。この中で「今、自分はこうありたい！」と全力で自己表現している姿が、ともに喜びながら、毎日の授業で自己を磨いている生徒の姿と重なる。教師ってなんだかんだ言って面白いのだ。

３６５日のドラマ

三浦　章子（宮崎県立高鍋高等学校）

「教師の魅力」とは何だろう……。「なぜ教師になったのか」、そして「なぜ、まだ続けているのか」について考えてみた。

学校から帰り、ランドセルから教科書を取り出し、息もつかずに「読み声」を始める。習ったばかりの「物語」を、せわしなく家事をしている母に聞こえるように、大きな声で、でも、滑らかさに気配りしながら、読む。「つっかからない」ようにと緊張して、すこし誇らしげに……。母に聞こえているのか、聴いているのか、定かではないけれど、「読み声」を披露することで、今日受けた国語の授業のことを話すきっかけにしようとしている、そんな私。

「国語」の授業は、毎日楽しみだったし、楽しかった。小学校も中学校も、高校も。知らない世界を教えてくれる、先生たち。先生が「ほらね、おもしろいやろ～」と笑顔で語りかけてくれるのが、素敵だった。私も、そんな風に生徒に言ってみたい。これが、教員を目指した正直な理由だ。勉強のできる生徒ではなかったから、先生になれるとは思わなかったけれど……。

教師という仕事の魅力、それは、好きなことを子どもたちに伝える仕事だから、当然、楽しい。

ほかにも魅力はある。それは、毎年出逢いが用意されていること。間違いなく4月には新しい生徒（保護者の方も）との出逢いが待っている。これはスゴいこと。高校で国語を担当していると、だいたい１００人近くの生徒と「はじめまして」の挨拶をすることになっている。一年間を通して、「推し」の国語を「伝導」する。なかなか伝わらないことも多いけど、それはそれなりに楽しい。なぜかって、自分が感じたことのない、不思議な疑問を投げてくれる。ああ、そうやって考えるのもありかぁ、と人の頭の中を覗いたような気になる。それなら、どうするか……俄然《がぜん》、やる気が出てくるものだ。最後に、先生同士の仲間があちらこちらにいるということも魅力。同じ学校だけでなく、いろいろな場所に異動していった、かつての仲間。今一緒に仕事している仲間。何かのきっかけで知り合った仲間などなど。

私は「三百六十五歩のマーチ」という曲が好きだ。曲も元気が出ていい感じだけど、やはり歌詞がいい。この曲を聴くと、すぐに担当している生徒の顔が浮かぶ。

～しあわせの扉はせまい／だからしゃがんで通るのね
百日百歩　千日千歩／ままになる日も　ならぬ日も
人生は　ワン・ツー・パンチ／あしたのあしたは　またあした
あなたはいつも　新しい／希望の虹を　だいている～

先生とはいえ、人間だから、「ままになる日も　ならぬ日も」ある。もちろん生徒も同じ。でも、授業をすれば、クラスに行けば、元気になる。生徒と一緒に「国語」を楽しむ３６５日のドラマが、学校にはある。だから、学校って楽しい。教師ってやめられない。

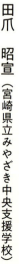

創意工夫で伝えたい

田爪　昭宣（宮崎県立みやざき中央支援学校）

知的障がいのあるお子さんが通う特別支援学校に勤めています。特別支援教育を志したのは、高校生のときに、友だちに誘われてこども療育センターのボランティアに参加したのが、きっかけでした。特別支援教育は、創造的な仕事です。そうして進んだ大学の特別支援教育に関する講義では、新聞紙一束で授業のアイディアを考えるという課題がありました。もともとものづくりが好きだったこともあり、自作の教材をつくることが、楽しかった。今は、単元そのものを自分で一からつくる。そのことが、一番愉しいと思います。生活単元学習は、子どもたちに学ばせたい教科の内容を、子どもたちの生活に根ざした多様な活動を通して学習させます。ダイナミックな営みというだけでなく、子どもの伸びを実感したり、昨日までできなかった子どもができるようになる瞬間に立ち会ったりすることは、この仕事の喜びの一つです。

社会参加に直結しているところも、魅力です。すべて一人でできることを目指すのではなく、私たちが眼鏡を利用したり、スマート・フォンを利用したりするように、支援を受けながら自立する、そしてその支援が少なくなることをめざしたいと思います。人間の多様性を広く認め、社会参加を幅広く考えていくことが大切です。学校では、たとえば、学級が仕事を請け負う一つの会社であると考え、彼らができることで相手に感謝されることは何かを探します。散歩をするときには落ち着く子どもに対して、無意味に散歩をさせるのではなく、モノの移動を請け負う仕事の時間にしてみる。できるようになることは、一人で使いこなせるようになるだけでなく、他者とかかわる関係をつくっていくことでもあります。そうした新しく生み出した工夫が上手くいったときには、嬉しさがこみあげてきます。

教員になって最初に赴任したのは、聴覚支援学校でした。若気の至りでお世話をしてやるくらいのつもりでいたら、手話ができない人として配慮されるという、自分がマイノリティであることを痛感する経験をしました。障がいに対する考え方が大きく変わり、自分のふるまいを見直すことになりました。

私は音楽の専門家ではないけれど、音楽が好きでバンド活動をしてきました。今は、コンピュータで楽曲の制作ができるので、譜面が読めない私が機械の「支援を受けて」譜面を作ったり、演奏をしたりすることができます。修学旅行や校外学習など学習のテーマソングをつくると、子どもが口ずさんでくれます。言い回しや声の調子の違いで人の言葉がうまく理解できない子どもたちがいます。伝えたい言葉を歌詞にすると、ことばのブレがなくなるので、子どもたちに届けたいことばを、いつも同じように伝えることができます。しかも楽しく！

子どもたちと少人数で真摯に向き合う職場が、私には合っていました。自分の得手不得手を大事にし、その学校で求められる教師の役割が自分に合っているかどうかを考える。仕事と全く異なることに挑戦し、自分自身がやってこなかったことに取り組むことは、働くことや社会参加をあらためて考える機会になると同時に、自らの実践を支えていくちからにもなります。

「教師」とは何か

宮崎市フェニックス自然動物園に行ったことはありますか？　チンパンジー舎の前に遊具が置かれた広場があります。そこに、「ヒト（こども）」という看板が立っています。見たことはありますか？

立て看板には、ヒト（こども）は、霊長類ヒト科、英名はhuman（ヒューマン）、学名は、Homo sapience（ホモサピエンス）とあり、すんでいる所は、地球上のいたるところといった案内があります。5つの「みどころ」も、書かれています。「笑顔が天使。とても好奇心がつよく、活発で、夢中になると、時間をわすれ遊ぶ。親、兄弟、友達とけんかすることもあるが、仲直りも早い。これから、いろんな経験をし、立派な大人になっていく。個性が様々で、おなじ者はいない。」と、うれしさや喜びがこぼれる笑顔、なんでもチャレンジする好奇心、何にもしばられずに没頭できる純粋さなど子どもが持っている価値が示されています。

おとなになると、ていねいに仕事をしたり、誰かとゆっくり話をしたりすることがうまくできなくなることがあります。時間の大切さを忘れ、日々にあそびがなくなっていきます。けんかをしてしまうと、仲直りはなかなかできません。出る杭は打たれ、同じであることを強制されることもあります。せかせかと生き、息が切れて動けなくなり、笑顔が消えてしまうこともあります。だからこそ、「子どもとともにいること」の意味を、教師は大切にしてきました。

「毎日の学校生活の中では、ほめられてにっこりする姿、友だちの頑張りやよさを手放しで喜んだりほめたりする姿、目標に向かって一生懸命取り組む姿、きっとできると信じる姿……が溢れています。そしてそれは大人になるとできなくなってしまう姿であります。教室では『こうありたい！』という手本を子どもたちが毎日みせてくれます。」（高橋武大、24・25頁）。子どもたちには努力して身に付けたものではないような、天賦の可能性があります。そのさい、子どもたちの可能性は、ただ存在するだけでなく、教師に発見される必要もあります。「学校は子どもたちの可能性を見つけて育てる素敵な場所です。」（金丸睦子、19頁）。教師は、子どもが好きな人というのではなく、子どもたちを尊敬する気持ちがある人です。

さらに、「子どもを枠にはめようと思っても、子どもたちの可能性は決められた枠を超えてくる。自分勝手とは違う。子どもは尊い存在であり、内なる可能性をたくさん秘めている。」（中山修子、27頁）というように、子どもたちの可能性は、自分自身を見つめる視点が飛躍的に変化したり、自分を規定していた決めつけから離脱したりするような学びを教師にもたらします。そのさい、子どもたちの可能性は、教師自身のために使うものではなく、ほかの誰かのために使われて輝きを発揮するものです。たとえば、「自分が疑問にすら思わなかったことに、子どもの素朴な疑問は目を向けさせてくれ」（郡司美和子、23頁）ることがあります。子どもの中にも教師の中にもなかったものが立ち現れ、新たな世界とつながっていく。教師は、子どもとともに成長する喜びを、子どもたちにも共有できる人です。

ところで、教師は、子どもたちの成長や変容も目の当たりにできる職業です。

・「子どもの伸びを実感したり、昨日までできなかった子どもができるようになる瞬間に立ち会ったりする。」（田爪昭宣、56頁）

・「昨日できなかったことが今日はできるようになっている。それを共に喜び合うことができるのも大きな幸せです。子どもたちの達成感を味わっている姿、授業中に『わかった』瞬間の子どもたちの表情、輝く瞳。幸せは日常の中にたくさんあふれています。」（長谷寛子、29頁）。

・「子どもたちは日々成長しています。少しずつ、けれども確実に成長していきます。そんな素敵な姿を近くで見守り、支え、応援することができる」（日高恵一、31頁）。教師は、「【自己ベスト】を更新していく生徒の姿を見ることができて、それを応援できる」（野﨑智哉、47頁）仕事であり、「『伸びゆく者』を応援できる仕事」（甲斐日美子、39頁）なのです。

そのさい、教師自身も日々学んでいる存在であるという点が大切です。教師は、誰よりも学びの当事者であり、先駆者なのです。

・「知らない世界にどんな出会いがあるかと飛び込む。日々を新鮮に冒険する」（河野正臣、51頁）

・「いつの間にか、生徒が先生で、私が生徒になる」（東口匡樹、53頁）

・「自分自身と向き合いながら様々な人の文化を受け入れ、常に自分をアップデートしていかなくてはならない」（岩切宏樹、13頁）

子どもとの間に成立する教師の学びは、子どもという他文化を理解することで学校にある自文化を問い直すことであり、子どもと他文化にふれることで自文化の異質性を理解することです。「自分が感じたことのない、不思議な疑問を投げてくれる。ああ、そうやって考えるのもありかぁ」（三浦章子、55頁）教師には、教えるための内容や方法を新しく獲得していくというのではなく、教える営みそのものに自己の変容が生まれてくるような学びがあります。教師は、知らなかった知識や欠けていた視点を補充するような学びを積み重ねるだけでなく、子どもの可能性に出会い、自分自身が書き替わるような学びを呼び込む人です。

教師は、ただ知識や経験を積み重ねていくだけでなく、自分の思い込みや囚われを学びほぐし、自分自身の枠組みやものの見方・考え方を変革していく。そのためには、「一つの正しい答えを出す、そうした正解を求めるのではなく、先生が言っていることも、『なんで？』って思うことは悪いことではない。疑問が浮かべば『どうしてですか？』と尋ねていい。子どもたちと共有していきたい関係性」（郡司美和子、23頁）が必要になります。教師にとって異議が示されるような主体性を子どもたちに育て、子どもたちを授業づくりや学校づくりのパートナーに位置付ける。教師は、子どもを通して自分が見えてくる、子ども側から自分自身と学校を見つめ直すことができる人です。

教師は、未来にひらかれた価値を子どもに発見し、教える営みの中に学びを呼び起こし、ともに成長する喜びを子どもたちと共有しています。宮崎大学大学院教育学研究科に在籍するストレート院生や現職教員は、一緒に指導教諭の授業を参観し、互いに授業を見せ合い、どのような教師になりたいのか、教師になるにはどうしたらよいのかを語り合い、その中で生成してくる問いを学び合い、自分自身にある子ども観や授業観、学校観を日々更新しています。教員は、「教育職員」の略称であり、法律で定義された用語です。教師は、子どもから定義される言葉であり、正解があるわけではありません。大学の教育学部は、教員養成を目的としていますが、自己を更新する学びを生涯にわたって深めていく教師にとって始まりの場所でありたいと思っています。

みなさんも教師になっていくことを一緒に探究してみませんか。

【竹内　元】

BOOK GUIDE

『教師の資質──できる教師とダメ教師は何が違うか？』
（諸富祥彦　朝日新聞出版　2013年）

本章でも取り上げられた（染矢直樹、41頁）本書では、ミッションとパッションに加えて、リスポンシビリティを教師に求められる資質として挙げています。リスポンシビリティとは、日々の暮らしの中でふと感じた疑問を、世界のさまざまな問いを、自分とは無関係なことではなく、自分自身の問いとして引き受け考え続けることです。東日本大震災で明らかとなった原発問題のように、私たちはこの世界に潜んでいる問題を、問題となる前にあらかじめ自分たちで見つけなければなりません。また、これといった解決策がない貧困問題のように、「正答」がないまま問題と向き合いながら、「応答」するしかできないことがあります。

今、必要とされているのは、「問題が起きたときに、どれをどう処理すればいいか」を考える「問題を解決する力」ではなくて、むしろ、「問題がどこにあるか、どのような問題なのか」を考える「問題を発見する力」ではないか。こうした未来を生きる子どもたちにも求められている試行錯誤は、思いつきやひらめきではなくて、既存の要素を吟味して、新たな組み合わせを発見し、これまで見えていなかった新しいモノサシをつくることです。

ところで、本書では、教師に援助希求力も求めています。援助希求とは、文字通り「助けを求めたり相談したりできる」ことであり、いじめなどから子どもを守るためのキーワードでもあります。「わかりません。どうするのですか？」「おかしくない？　変えたくない？」へルプや違和感を教師自らが同僚に求めることができる学校になれば、子どもたちも「助けを求める関係」をつくっていけるのではないか。学校に失われつつある関係が指摘されています。

子どもたちや同僚と語り合いながら問いを生成し、協働していく。子どもと教師に求められてくる学校改善のヒントが本書にはあります。

【竹内　元】

『教師の底力――社会派教師が未来を拓く』
（志水宏吉　学事出版　2021年）

「社会派教師」とは、著者の造語であり、「差別や不平等や格差といった社会問題に関心を持ち、教育の力によってそれを克服し、よりよい社会を築いていこうとする意思を持つ教師」のことです。公正原理を大事にすること、つながりの力を信じること、社会を変える志向性を持つことが、社会派教師独自の特徴だと、本書は指摘します。

教員は、主としてミドルクラスから輩出されます。勉強が好きでなおかつ成績がよくないと大学で教職課程をとり、教員採用試験に合格することは難しいからです。教師には、異質な子どもの問題行動に社会の矛盾や不条理を見出すように、差別・抑圧や格差・不平等に対して敏感であることが求められています。

私たちは、保護者の所有する「富」と教育に対する「願望」が、子どもの将来を大きく左右する社会にいます。こうしたペアレンクラシーを是正するためには、「『できる』ということだけが価値を持つのではない」「一人ひとりの持ち味を生かして素敵な社会をつくっていきたい」などといった態度をすべての子どもたちに育む必要があります。

誰もが大切にされること、一人ひとりが自分の力に応じて活動を展開できること、「できる子」と「できない子」がかかわり合い互いに学び合い成長できること、しんどい層が置き去りにされることをおかしいと思えること。教師には、公正という考え方が子どもたちに根づいていくような取り組みを展開することが期待されています。そのさい、教師には、学校の常識を疑い、授業とは何か、学力とは何か、子ども同士のつながりはどうあるべきかといった根本的な問いに向き合うことが求められます。

「教師の仕事に難しさが強まっているからこそ、教師になってほしい。」教師を志す私たちへの激励が、本書にはあります。

【竹内　元】

Ⅱ

先生って何しているんですか？

今日もはじまる「新たな一日」

●佐々　敬政（さっさたかまさ）
兵庫県で25年間小学校の教員として働いてきました。研究テーマは体育科教育学を基にした教師教育です。

先生は、どのような一日を過ごしているのでしょうか。児童や生徒の立場では気づかない、いろいろな仕事をしているのです。そして、一年を通じて季節が少しずつ変わっていくように、教室で見せる子どもたちの姿も少しずつの変化・成長が見られ、一日として同じ日はありません。つまり、毎日が「新たな一日」であり、先生は、新たな気持ちで毎日学校に向かっているのです。それでは、ある小学校の先生にスポットを当て、日々迎える「新たな一日」を紹介したいと思います。モデルは、M県B小学校で6年生を担任しているA先生です。

（1）出勤から朝の会

今は、朝の7時20分。A先生が出勤してきました。なぜ、こんなに早くに学校に来るのでしょうか。それは、午前中に5時間目まであり、朝の会が8時に始まるからなのです。しかし、それだけが理由ではありません。30分以上も前に出勤するのには、やらなければならないこと、やっておきたいことがあるからなのです。

職員室に入ると、まず、出勤印を押しに行きます。「今日、出勤しましたよ」という証なので、必ず一番にしなければなりません。印鑑を押し終わると、教室に向かいました。何をしに行くのでしょうか。教室をのぞいてみると、教室や廊下の窓を開けています。その理由を尋ねると「空気の入れ換えのためです。朝、新鮮な空気で子どもたちを迎えたいと思っています」とこたえてくれました。新型コロナウイルス感染症で世の中が大変になったときも換気の大切さが強調されましたが、先生には、「子どもたちを気持ち良く迎えたい」という思いも加わるのですね。窓を開けて、少しゆがんでいる机を整えたら、職員室に戻りました。

パソコンを立ち上げて、画面を見ています。何をしているのでしょうか。「欠席連絡が入っていないか、確認しています。それに、今日は、水泳の授業があるので、入水の可否についても連絡してもらっています」とのこと。驚きました。私が小学生のころは、休むときは近くの友だちに連絡帳を持っていってもらったり、親が学校に電話をして伝えたりしていました。また、水泳チェックカードがあり、先生は水泳授業の前に全員のカードが提出されているか、押印されているかをチェックしなければいけないようで、1時間目に水泳の授業があるときは、本当に忙しそうでした。印鑑を押し忘れて持ってきていた友だちがいて、先生がわざわざその子の親に連絡をして確認していました。そこまでしなくても本人が入るって言っているのだから、と思っていましたが、今考えると、体調が悪いのに入水すると、最悪、命に関わることがあることから、先生も慎重に対応していたのでしょう。しかし、全てメールなどでチェックできるのなら、今まで書いたような負担が減りますよね。

もうすぐ8時です。今日の授業について、考えているのでしょうか。A先生は、ギリギリまでメモや書類を確認していました。朝の会をするために教室へ向かいます。すると、今日は、1時間目が水泳の授業だということ。1組に女子、2組に男子が集まり、着替えが始まっていました。その指示を出したのは、学年担当の算数の先生でした。水泳の授業は、着替えが大変です。1時間目に水泳があるときは、朝の会を利用して着替えを済ませ、プールに入る前に学年で簡単な朝の会をするそうです。こういう指示を、誰かに言われなくてもする。そうした6年生の先生方のチームワークが素晴らしいですね。

6年生がプールの前にある体育館に集まってきました。すると、先生はいないのに、体育係が前に出て、体操が始まりました。さすが6年生ですね。プールに入る前には、先生方から健康観察と水泳の授業の注意点に関するお話がありました。子どもたちは、はやくプールに入りたいのでしょう。そわそわしています。

（2）1時間目：体育科「水泳」（クロール）

隣のクラス（2組）の先生が、子どもたちをプールに誘導している間、A先生は、プール日誌を書いています。中を見てみると、気温や水温を書いたり、水質検査（pHや塩素濃度を測る）をしたりしていました。水質検査は毎日しているということです。水質が悪化しないように、薬品を入れる機械があり、そこに定量を毎日入れているそうです。もし、水質検査で水質が悪化したら、それを元に戻す方法もあるとのことです。先生方は子どもたちが安全な環境で楽しく水泳学習ができるように、このような仕事もしています。

水泳の授業が始まりました。水の中という特殊な環境なので、最初はゆっくりと水につかり、潜り、浮き、といった準備運動をします。子どもたちは、水の中に入っただけで、きゃっきゃっとはしゃぎ始め、とても楽しそうです。今日は、1学期で最後の水泳の授業ということで、みんな早速泳ぎ始めます。ここで不思議な光景を見ました。途中で立ってしまう子どもがいたり、息継ぎのときに水を飲んでしまい苦しそうにしている子がいたりするのですが、みんな笑顔で、楽しそうなのです。そして、また、果敢に挑戦していきます。なぜ、子どもたちは、こんなにも水の中が好きなのでしょうか。

先生方は、全体指導と個別指導に分かれ、打ち合わせをしてもいないのに、連携が取れています。A先生が全体を指導しており、「1～5コースは、並んで、どんどん25メートルに挑戦していきましょう」と言うと、2組の先生は、さっとコースへ行き、行列ができないよう、スムーズに流れるように子どもたちを誘導します。あっ。プールサイドを見ると、子どもが足を痛そうにしてうずくまっています。すると、2組の先生がさっとやってきて、大丈夫かどうかを確かめています。あら、最初はあんなに痛がっていたのに、「大丈夫！」と言って、また25メートルを泳ぎ始めました。子どもは、痛いのを先生に知ってもらったら元気になることが度々あるそうです。低学年ではよくあると聞いたことがあるのですが、6年生でも同じなのですね。かわいいなと思ってしまいました。

A先生に、水泳授業のやりがいを聞いてみました。すると、「泳ぎたいと思って一生懸命努力している子に、ポイントを伝えて一緒に練習し、泳げるようになったときは本当に嬉しい」と言っていました。また、「子どもたち同士で教え合いをしていて、苦手な子が泳げるようになって、教えた子も自分のことのように喜んでいる、こういうときは、2人とも素晴らしいと思って見ています」とも言っていました。やっぱり、体育の授業なので、その動きが苦手な子がいますよね。でも、そういう子に寄り添ってできるように先生として努力する、また、得意な子を放っておくのではなく、苦手な子に教える中で学び合いが生まれるのを仕組む、といった目に見えない配慮や工夫があることを知りました。先生の子どもを思う気持ちが、そのように行動させるのだと思いました。

（3）3時間目：国語科「夏のさかり」

3時間目の国語の授業が始まりました。今日は、「夏のさかり」というテーマで、夏の様子を表す言葉について学習します。

「夏のさかり」と黒板に書き、「漢字で書くと、どんな漢字になる？」と問いかけると、ある女の子が黒板に大きな字で「盛」と書きました。そして、どのようなイメージをもつのかを問うと、「虫（蟬や蚊）」「暑さ」「プール」「お祭り」と続く中で、「旬の野菜のおいしさ」という発言を聞いて子どもたちは盛り上がりました。

このようにして、先生は、「夏」のイメージを明確にもたせたり広げたりしながら授業のねらいについて子どもたちに投げかけていきます。授業のめあては「自分の身近にある夏を言葉で表そう」です。ちなみに、教科書で紹介されていた言葉は、6つありました。皆さんは、いくつ知っていて、いくつ説明できますか。

①立夏《りっか》　五月六日ごろ

こよみのうえで、夏が始まる日。新緑や若葉に、夏の気配が感じられるようになる。

②小満《しょうまん》　五月二十一日ごろ

立夏から十五日目に当たる。陽気がさかんとなり、草木が成長して満ちてくるという意味。

③芒種《ぼうしゅ》　六月六日ごろ

「芒《のぎ》」とは、いねや麦などの実のからにある、はりの形をした毛のこと。芒のある穀物の種をまく時期である。

④夏至《げし》　六月二十一日ごろ

一年の中で、昼が最も長く、夜が最も短い日。昔のこよみでは、夏の真ん中とされた。

⑤**小暑《しょうしょ》　七月七日ごろ**

つゆが終わりに近づく。この日から「暑中（夏の暑さがさかんな時期）」に入り、暑さが増してくる。

⑥**大暑《たいしょ》　七月二十三日ごろ**

晴れた日が続き、一年のうちで暑さが最もきびしいころ。

※小暑と大暑の約一か月間を「暑中」という。暑中見舞いを送る時期である。

私は、夏至と大暑は聞いたことがありましたが、他の言葉は初耳です。6年生にもなると、難しいことを勉強するのですね。では、このような内容を、先生はどのようにして教えるのでしょうか。続きを見ていきましょう。

まず、この6つを覚えることから始まりました。そのために先生がとった方法は、クイズ形式です。先生が、クイズをすることを予告します。そして、子どもたちは、教科書やノートを見ながら覚えていきます。時間が来ました。それでは、クイズの始まりです。

「晴れた日が続き、一年のうちで暑さが最もきびしいころは、何と言いましたか？」元気よく手が挙がります。「大暑です」。拍手が起こります。何回か繰り返し、子どもたちの様子を見ていると、もう覚えたようです。覚えさせたいときは、こうやってクイズのようにして問いかけると、6年生でも楽しんで覚えるものなのですね。

次は、タブレットを活用します。先生が問いかけたことは、「教科書に載っていたような夏に使う言葉を探してノートに書きましょう」です。なるほど、教科書に載っている言葉を覚えたことは、「テストに出るから」「暗記をさせれば良い」といったことではなく、自分たちで調べ活動をする土台になるのですね。タブレットを使う子どもたちは、検索することに手慣れたものです。「夏の言葉」などと打ち込み、検索していきます。おもしろい言葉がたくさん見つかります。例えば、

○灼熱の候：「焼け付くように暑い夏ですね」という挨拶。七月中旬から八月上旬の立秋の前日までが手紙に使える期間です。

と調べている子がいました。みなさんは、この説明を聞いて、理解できましたか。この子は、「立秋」が分からなかったのでしょう。次に「立秋」を調べ始めました。そして、「一年間を二十四等分した二十四節季のひとつで、夏から秋へ季節が移り変わり始める日」と書きました。このような、「調べる　→　分からないことが出てくる　→　調べる」といったサイクルが子どもたちの知識を増やし、学びを充実させていくのでしょう。さすが6年生です。しかし、このような学び方は、教えてもらわなければ定着するものではありません。今までの授業の中で、先生から教えてもらったのでしょう。A先生に聞いてみました。すると、「私が6年生を担任したときには、もうこのような調べ方をしていました」と言っていました。ということは、今までの学年の先生がこの調べ方を指導したということになりますね。「ところで、A先生、こういう調べ方をしている子に、何か働きかけをしましたか。」と聞きました。その返答は次のようです。「4月に、社会で調べ学習をしました。そのときに同じように調べたことの中に分からない言葉があり、またそれを調べて、また分からない言葉があり、調べて、と繰り返して

いる子がいました。それは、とても良いことなので、『こういう調べ方って、とてもいいよね』とみんなに紹介しました」。なるほど、納得させられました。色々な調べ方があって、それを指導する先生がいて、その指導したことを活用していたら、また別の先生がそれを取り上げてその良さを共有する。こういう先生方のきめ細かい働きかけの積み重ねの上に、子どもたちの力って育まれていくのですね。

この「立秋」に関するエピソードは、まだまだ続きます。「立秋」の説明には続きがあったのです。次のように書かれていました。

「暦の上では立秋が暑さの頂点とされ、翌日からの暑さは『残暑』といいます」

ここで、「残暑」という言葉が出てきました。A先生は、教科書に書いてあった「小暑と大暑の約一か月間を『暑中』という。暑中見舞いを送る時期である」という内容と、ここで出てきた「残暑」という言葉を取り上げ、「暑中お見舞い申し上げます」と「残暑お見舞い申し上げます」を書く時期について、確認していきました。このように、子どもたちが調べたことを瞬時に取り上げ、教科書に書いてあることと関連させて子どもたちに考えさせたり説明したりすることって難しいですよね。どうして、このような指導ができるのでしょうか。それは、事前に授業について考える「教材研究」に時間をかけているからでしょう。何事も準備は必要です。子どもの顔を見ていると、自分が調べたことがクラスの学びに良い影響を与えたことは、嬉しいだろうし自信になるのではないかと思いました。

さて、子どもたちは、他にどのような言葉を探したのでしょうか。

・向日葵《ひまわり》：読み方が「ひまわり」と知って、驚きました
・盛夏、猛暑：字を見ただけで、暑さがひどいことがわかりました
・夏本番：いよいよ夏がやってきたという感じが伝わってきました　等々

（言葉の下は子どもの感想）

この国語の授業からは、教科書に書かれていることを覚えるだけではなく、教科書に書かれていることをきっかけにして、子どもたちの学びを広げたり深めたりしていくことを知りました。このような授業ができるのは、もちろん経験を積むことが大事ですが、事前に教材研究という準備をしておくことが大事なことなのだということがわかりました。このような学びに向かう子どもたちの姿は、見ていても楽しそうだなと思います。授業をしている先生は、そのやりがいをもっと感じていることでしょう。

⑷ 給食

子どもたちが待ちに待った給食の時間がやってきました。給食当番の子は、給食エプロンを着て、コンテナ室にワゴンを取りに行きます。A先生も一緒についていきます。そして、教室に運ばれると、当番が手際よく盛り付け、どんどん配膳されていきます。今日の献立は、ごはん・麻婆豆腐・キュウリの炒め物・牛乳です。この献立は、栄養教諭の先生方が集まって話し合い、バランス良く栄養を摂取できるように考えられたものだということです。好き嫌いせず

に、毎日給食をしっかりと食べていれば、栄養不足にはならないのではないでしょうか。子どもたちの発育にとって欠かせないものですが、親の立場から考えても、栄養満点の温かい料理が毎日食べられる給食は、ありがたいと思っていることでしょう。

さて、子どもたちの様子ですが、早く食べ終わった6年生が何人か、教室を出て行きました。どこに行くのでしょうか。下の階に下りていきます。すると、1年生の教室に入りました。6年生が1年生の教室に入ると、1年生はとても喜んでいました。「○○ちゃ～ん！」「いえ～い」などと言いながら手を振ったり、飛びついたり……。食事中なので、6年生も困っています。しかし、控えめに手を振ったり、落ち着くようにジェスチャーをしたりして、1年生が興奮しないように振る舞っています。そうなのです。6年生は、1年生とペア学年で、いろいろな場面で、お手伝いに行くのです。6年生は、順番に1年生の教室に行っているようです。何をしているのかというと、「○○食べられる？」と優しく聞いたり、牛乳パックのたたみ方を教えていたりと、6年生が本当にかっこよく見えます。そして、普段より心なしかテキパキ動いているように見えます。そこへ、A先生もやってきました。様子を見に来たようです。1年生は、A先生にも手を振って、喜んでいます。片付けるのが遅い1年生がいるのですが、6年生は焦らせることなく、その子のペースで見守り、手助けをしてあげています。素晴らしいかかわり方だと思いました。やっと1年生の教室で「ごちそうさま」が終わり、6年生が自分たちの教室に帰っていこうとしたとき、A先生が6年生に声をかけていました。何を話したのか気になったので、聞いてみました。すると、「1年生の子が、○○ちゃんが手伝ってくれたとき、優しくしてくれるから嬉しいって私に話しかけてきたので、それを本人に伝えていました。他にも、1年生の担任の先生が、6年生の良いところをたくさん教えてくれるので、それを本人に言ったり、クラス全員の前で素晴らしい行動として伝えたりして、B小学校の最高学年としての自覚をもたせるようにしています」と、ただ見に行くだけではなく、良い姿を見たり聞いたりする中で、6年生の子どもたちに最高学年としての自覚をもたせることを意図的にしていることに驚きました。6年生にとって、自分たちのしていることが1年生や学校のためになっているという、人や学校のために貢献できている実感をもてることから、人としても大きく成長できるのではないかと思いました。このような働きかけを先生がしていることを知って、先生という職業の細やかさ・心遣いの素晴らしさを実感しました。

(5) 掃除

皆さんが小学生のころは、どのような掃除の仕方をしていたでしょうか。B小学校では、「縦割り清掃」という取り組みをしていました。「縦割り」とは、例えば、各学年を1班〜32班までに分けて、班ごとにあつまると、1年生から6年生が混在することになります。その班ごとに掃除をするという異学年集団での清掃活動を「縦割り清掃」といいます。

ということは、各班において6年生は1〜2人となり、リーダーシップを発揮しなければならない存在となります。したがって、どこの掃除場所に行っても、6年生が活躍している姿を見ることができます。ある教室では、1年生が机運びをしようとしているところに6年生が行き、重い机は6年生が運び、軽い椅子は1年生に運ばせるという優しい行動が見られました。

ある廊下では、低学年の子が汚れをとろうと一生懸命にぞうきんがけをしていたのですが、その汚れが取れないところに6年生がやってきて、代わって拭くとその汚れが取れて、「6年生すごい」と盛り上がっている班もありました。A先生は、自分の教室が担当なので、一緒にほうきでゴミを掃いたり、ぞうきんで窓のさんを拭いたりして、子どもたちと一緒に掃除をしていました。そのときに、できていないところがあると、近くにいる子どもに言うのではなく、6年生に声をかけていました。すると、6年生が、「机の上を拭くよ」とみんなに声をかけます。6年生がリーダーシップを発揮する場が与えられているからこそ、気づいたことは6年生に伝え、6年生を表に立たせる。そして、給食と同じように、6年生に最高学年としての自覚をもたせるようにしているのだなと感じました。この「縦割り清掃」では、全ての6年生が活躍しているので、リーダー性を育むのにはとても良い取り組みではないかと感じました。

(6) 放課後

子どもたちが家に帰って行きました。放課後、先生たちは、何をしているのでしょうか。A先生に聞いてみました。「実は、放課後もいろいろな仕事があるのです」

この日の放課後のA先生の仕事は左のようです。一つ一つ見ていきましょう。

①生活部会の会議　②学年での打ち合わせ　③明日の準備

①生活部会の会議

下校指導の後、すぐに会議が始まりました。どのようなことが話し合われたのかを聞くと、主に四つについて話し合われたということでした。一つ目は、この一か月にあった出来事の交流です。6年生に所属していると、他の学年でどのようなことが起きているのかを把握できないので、この場で共有するということです。二つ目は、登下校の安全指導についての話し合いです。以前にも、車と接触しそうになったという事案があり、その場所に新たに地域の方に立ってもらうことにしたということです。子どもたちにも、危険箇所として、各学年に応じて指導することが決まったとのことでした。三つ目は、避難訓練についての反省です。避難経路はどうだったのか、子どもたちの移動はスムーズだったのか、等々、成果と改善点について話し合われたそうです。四つ目は、子どもたちや保護者のアンケート結果を受けての話し合いです。どの内容も学校にとって大事なことで、このような話し合いをして、先生たちがみんな同じ目的の下、同じ指導をしようとするから、子どもたちの安全が確保され、健やかに育つ環境が整えられているのだなと思いました。

②学年での打ち合わせ

生活部会の会議が終わりました。2組と算数の先生は、他の会議に出席していたのですが、先に終わったので、A先生を待っていました。学年では、どのようなことを打ち合わせたのでしょうか。

B小学校では、毎月学年通信を出しているということです。そこに書く内容の検討をしたということでした。学年通信は、保護者が様々なことを確認することに使われるので、大事なことは記載しておく必要があるということです。書類の提出日や、行事の日程など、学年便りで確認している保護者が多いとのことですので、打ち合わせは必要ですね。ただ、これから学年通信で伝えたい内容が、コンピューター管理されるようになれば、数年後は学年通信が必要なくなっているかもしれませんね。

③明日の準備

さあ、やっと学級に関する仕事ができる時間になりました。今日は何をするのでしょうか。まず始めに行ったことは、テストの丸つけでした。学期末ということもあり、成績処理をしなければいけません。小学校は、単元が終わるごとにテストをしているので、テスト期間というのはないのですが、単元が終わる度にテストがあり、その丸つけや成績付けが大変そうです。その中で、「やりがいはあるのですか？」と聞いてみました。すると、「やっぱり、苦手意識をもっていた子に関わって、授業中は『できた』と言って喜んでいた子が、テストではどうなのだろうと、ドキドキしながら丸つけをしています。その子と同じように、合っていたら嬉しくなるし、間違っていたら残念に思います。全てのテストがそうではないですけど、このように感情移入することがあります。だから、次の日に、テストを返すことがまちどおしくなります。喜んでいる顔を思い浮かべることや、悔しがっている子にアドバイスをして、わかった！と言わせようとか、いろいろと明日の指導場面を思い浮かべると、ワクワクしてくるんです」とのこと。たかが丸つけと思ってしまいますが、一生懸命に指導したプロセスがあると、このような感情が生まれるのですね。

丸つけの次に行ったのは、明日の授業準備です。いわゆる「教材研究」と言われる先生の仕事です。明日の時間割はどうなっているのでしょう。

1時間目　国語　　2時間目　算数　　3時間目　社会　　4時間目　図工
5時間目　図工　　6時間目　学活

小学校には専科の先生がいます。B小学校は、算数と音楽と図工は専科の先生が教えます。高学年になると、授業時数が多くなるので、それだけ専科の先生の授業が多く入り、一人一人の先生の授業時数が均等になるように調整しています。したがって、明日の授業で教材研究をしなければならないのは、1時間目の国語と3時間目の社会と6時間目の学活です。

国語は、どのような授業にするのかを聞いてみました。今日の授業の続きをするそうです。今日は、夏の言葉をたくさん集めたので、その言葉を使って、手紙を書く活動をするとのことです。日常生活の中で、国語の学習が生きるように、実際に手紙を書いて投函させたいとのこと。A先生は暑中見舞いに焦点化しようか、どうしようかと悩んでおられました。暑中見舞いに焦点化すると、みんな同じような文章になってしまう。自由にすると、個性が文章に表れてくるだろうけど、日常生活で手紙を出すかといえば、難しいだろう。いろいろと思案していましたが、暑中見舞いに決めたそうです。文章は似てくるかもしれないけれど、その背景や字体等、自由に書かせることで、その子らしさを表出しようと決めたということです。こういうふうに悩み、手紙を作成するにしても、どのように投げかければ子どもたちは意欲的に取り組み、かつ学校で学んだことを生活にいかそうとするのかを考える先生の仕事って奥深いと思いました。

社会は、テスト返しをするということです。ただ、テストを返すだけではないだろうと思い、どのようにテストを返すのかを聞きました。すると、お直しを必ずさせるそうです。先生が全て答えを言うのではなく、間違ったところを自分で調べたり考えたりして、正解にたどり着くことを大切にしているということでした。では、満点だった子は、どうするのか。それは、1時間で作ることのできる小さい新聞があるそうです。豆新聞と呼んでいるそうですが、その豆新聞を作っても良いし、次習うところの予習をしても良いし、今まで習ったところの復習をしても良いし、ということで、社会に関する内容であれば、自分ですることを決めて取り組むということでした。6年生にもなると、自分のやりたいことや得意なことがわかっていると思うので、このような時間があることは、積極性を高めるのではないかと思いました。

学活は、何について話し合うのでしょうか。明日は、もうすぐ夏休みなので、1学期の振り返りと夏休みまでの数日間の過ごし方についてみんなで話し合うとのことでした。「有終の美」ですね。良い終わり方ができれば、2学期の始まりも良いスタートが切れるような気がします。そのためにも、1学期の良かったところ、改善点を話し合い、この数日間でよりよい学級や6年生としての姿を追い求めることで、1学期を締めくくれるのではないかということです。先生は、どのように子どもたちに問いかけようか、どこから学級委員に任せようか、と1時間の展開を考えていました。A先生は、どのような内容でまとまるのか、楽しみだと言われていました。学活は教科とは違って、教科書があるわけではないので、行く先が分かりません。だからこそ、楽しみになるのでしょう。

（7）先生のやりがい

A先生を追いかけた一日が終わりました。先生の仕事って、子どもの立場からは、授業をして、中学校・高校だと部活の指導をして、という側面しか見えませんが、先生方は、見えるところも、見えないところも一生懸命に子どものために働いていることがわかりました。特に、印象的だったのが、先生が何をしていても、何らかの意図があるということです。そして、私がこういう意図があるのではないかな、と思ったレベルではない、もう一つ奥深いところでの考えをもっていることがわかりました。

最後に、先生のやりがいについて、A先生に質問をしました。すると、「かわいい子どもたちの一生懸命を応援したい。そして、その成長を間近で実感できる。これこそがやりがいです。そして、子どもとともに成長できる自分も好きになります」と笑顔でこたえてくれました。子どもの成長を願い、子どもとともに自身も教師として、人間として成長していける。素晴らしい教育観をお持ちだと思いました。こういう先生が増えて欲しい、こういう先生になりたいという中学生・高校生が教師をめざして欲しい、ということを強く感じた一日になりました。それぞれの学校で働かれている先生方！　将来の日本を支える子どもたちのために、これからもやりがいをもって、楽しんで働いてください。応援しています。

体育科授業の面白さと意義

「腕組み体育」「笛吹き体育」「やらせっぱなし体育」……。これらはどれも、先生は子どもたちに何も働きかけることなく、ただ運動・ゲームをさせている体育科授業を揶揄する言葉です。こうした授業を受ける子どもたちは、残念ながら本当の面白さを感じていないと考えます。では、子どもたちが心から面白いと思って夢中になって取り組む体育科授業とは、どのような授業なのでしょうか。

体育科（中学校・高等学校では保健体育科）も教科であることから、当然「学力」があります。簡単に説明すれば、「できる」「すすんで」「かかわる」「わかる」を観点に「進んで運動に取り組み、技能や体力を伸ばす力」「仲間と学び合いながら、技能や体力を伸ばす力」「運動の原理を認識し、技能や体力を伸ばす力」が主となります。このような力を育むために、私は、体育科授業を「技能向上を保証する『Thinking P.E.』」にするべきだと考えています。

「Thinking P.E.（Thinking physical education）」とは、今、自分たちが取り組む中で問題となっている状況を把握し、解決するための課題を考え、試行錯誤しながら、自分たちなりの答えを見つけ出していくような「考える体育科学習」のことをさします。具体的には、子どもたちが、「どうすればできるようになるのか」「どうすれば試合に勝つことができるのか」について、仲間と知恵を出し合いながら、解決の道筋を見付けていく学習です。しかし、解決の道筋を見付けるだけでは、体育科授業とは言えません。なぜなら、体育科は、身体の動きを対象とする教科だからです。したがって、ほんの少しでも良いから、動きに変化が見られ、子どもたちがその成長を自覚し、手応えを感じられるような授業にすることが求められるのです。つまり、体育科授業は教室で学ぶような「考える」だけでは不十分で、加えて「動きに変化が見られる」授業にしなければならない。それを「技能向上

るのです。

では、どうすれば「技能向上を保証する『Thinking P.E.』」となるのでしょうか。そのために先生がしなければならないことがたくさんあります。「計画段階」「実践段階」「評価段階」で見ていきましょう。

「計画段階」では、体育科は教科書がありませんので、何を教えるのか（内容）、どこまで教えるのか（目標）、どうやって教えるのか（方法）を考えなければなりません。特に、子どもの実態に応じた教材が大切になってきます。体育科教育学の世界では、サッカーやハードル走というスポーツ種目・競技のことを「素材」といいます。既存のルールは小学生に合いません。したがって、子どもの実態に合わせて、ルールを易しくしたり、ハードルの高さを低くしたりして、そのスポーツ（素材）の面白さに触れられるように工夫します。この工夫が教材化です。この教材が、実態に合っていないと、子どもたちは「難しい」「簡単すぎる」と感じ、面白いと思えません。どのような教材を準備するのかは、先生の勝負所になります。たとえば、ハードル走では、「ハードルをリズミカルに走り越えること」に面白さがあります。その面白さにふれることができるように、インターバルを5メートル、5・5メートル、6メートル、6・5メートルと選べるようにしたり、タイムを人と比べるのではなく、ハードル走のタイムとハードルのないフラット走のタイムを比較して、フラット走のタイムにどれだけ近づけることができるかを目標に取り組ませたりします。これは一例で、他にも様々な工夫の仕方があります。その工夫の仕方を調べ、子どもの実態に一番ぴったりあった教材を考えることがとても大切なのです。

「実践段階」では、今、子どもたちが抱えている問題状況を見抜き、子どもたちに「どうやったら解決できるかな」と問いかけます。すなわち、「Thinking P.E.」にするのです。ボール運動を例に挙げると、授業の始めの段階では、みんなボールに集まってしまう、いわゆる「だんご状態」になることが多々見うけられます。子どもたちがその状況に気付かなければ、「だんご状態」になっている映像や画像を見せたり、「周りにたくさん人がいてプレーがしにくい」といった子どもの意見を紹介したりする中で、「どうやったら『だんご状態』から抜け出せるのかな」と課題を形成します。そして、その解決に向けて、話し合い、やってみて、振り返って、また、話し合い、やってみて……を繰り返します。この試行錯誤する中で気付いたことを交流しながら、自分たちなりの答えを見付けていくことの手助けをします。結果、子どもたちは、コートを広く使い始め、「だんご状態」という一つの課題を解決するに至ります。すると、また、次の問題状況に直面するのです。このように体育科授業が「Thinking P.E.」になれば、子どもたちの個人技能・集団技能の高まりがみられるようになってきます。すなわち、技能向上が保証されるのです。このような指導を積み重ねることによって、子どもたちは「P.E.学力」を身につけていきます。

「評価段階」では、今日の授業はどうだったのだろう、次はどのような課題にする必要があるのだろう、と子どもの姿を思い出し、子どもたちが書いた振り返りカードを読みながら考えます。そして、「明日の授業では、子どもたちに〇〇と投げかけてみよう」と次の授業へつなげていくのです。

このように、「計画」「実践」「評価」のサイクルを充実させると、運動場・体育館のあらゆる所で子どもたちの試行錯誤がたくさん見られるようになってきます。時には、「先生、先生」と呼びに来て、「見て見て！」と自分たちが考えた動きを自信満々に披露し、どうやってできるようになったのか、目を輝かせて説明する子どもたちに出会えます。また、試合に勝ったチームの子が負けたチームの子に「あのプレーにはやられたよ」と勝敗を超えて相手チームの素晴らしいプレーを認めるような素敵な場面に出合えることもあります。

本当に面白い体育科授業とは、先生の奥深い思慮に支えられた指導力と、「P.E.学力」を身に付け、自分のもっている力を精一杯発揮しようとする子どもたちとの相互作用のもとに生まれるのです。そこには必ず、指導する先生と子どもたちとが織りなす、世界でたった一つのかけがえのない物語が紡がれているものなのです。

【佐々敬政】

学校給食の指導

「私は給食の時間が一番いやで緊張する。食べるのが遅いから」と、目の前の子どもがつぶやいたら、あなたはどう対応しますか。大人数で食べるという環境に緊張する子どもがいます。全部は食べられないと不安が先行してしまい、食べるスピードが遅くなる子どももいます。早く食べ終わる人がいると焦ってしまう子どももいます。楽しいはずの給食の時間が試練になっています。

教育実践は、教師が子どもにどのように働きかけるかを考える前に、子どもから教師がどのように働きかけられたかを思い起こし十分に考える必要があります。子どものサインをていねいに読みとり、子どもの言動の意味を考えるのです。たとえば「食べるのが遅い」と、子どもが自分自身を否定していることに目を向けたなら、よく噛んで食べているとか、残さずに最後まで食べているとか、子どもの中に否定ではなく肯定を発見するように、子どもを理解していくことが求められます。おしゃべりに夢中になっていないという事実に気づいたなら、何も悪いところはないと子どもに伝える必要もあります。

最近の給食では、「配膳されたものは全て食べる」「全員が同じ量を食べる」「食べるまで居残り」といった融通の利かないルールはなくなっているはずです。カフェテリア方式にして、食べるのが遅い人から食べ始めるという教室があります。配膳されたものをできるだけ減らして、みんながおかわりをするという教室もあります。「食べるのが遅い！」と、子どもをなんとか変えようとする前に、子どもを取り巻く関係や環境を変えるという視点が実践にありますか。

給食は、空腹を満たせばよいものではありません。栄養を補給するだけでもありません。毎日楽しみにすることがあたり前になるように、食を共にする人との時間を大事にするにはどうすればいいか。「食餌」ではなく「食事」をどのように充実させるかは、みんなで考える問題です。さらに、二番目にいやなことも、三番目にいやなこともなくなって、心豊かな学校生活になると、自然と食べたくもなります。自分を否定するのではなく、学校生活そのものに目を向けて、「いやなことはいや」という自由を互いに承認していく。そうして、食材や食事をつくった人も大切にしながら、自分たちも楽しい時間を過ごす。人間は、文化的な存在であり、自分たちを取り巻くルールややり方は変えることができる。ルールを変える手続きや方法こそ、学校では教員も子どもたちと学んでほしいと思います。

ところで、調理する人と子どもたちをつなごうとする学校もあります。たとえば、子どもたちが食べるところを調理員が見て、調理方法の改善を検討する。学校花壇をすべて野菜畑に変え、子どもたちが育てた野菜を学校給食にも使うようになる。さらに、こうした食材や調理をする人と子どもたちの関係性を重視した工夫だけではなく、食をめぐる全体構造に子どもたちを参画させていく必要性も指摘されています。子どもたち自身が「自分たちの食」は、自分たちで選び、自分たちでつくる」経験を積む。それだけでなく、何を食べるかによって、社会が変わり、自然環境も変わることを学ぶ。食をめぐる議論が子どもたちにもひらかれているかが問われています。

学校給食のしくみは、調理方式、献立の対象範囲、食材購入などが自治体ごとに異なっています。給食の合理化をすすめる自治体もあれば、栄養士を全校に配置し、有機農業や自然栽培に取り組む方の就労支援に取り組み、地産地消を推進する自治体もあります。学校給食を通して何を考えるのかを検討することは、子どもたちの未来にかかわる問題であり、社会を変えていく子どもたちを育もうとする営みです。

【竹内　元】

はじめて知る、教師のハナシ
――現職高等学校教員にインタビュー――

●興津　紀子（おきつのりこ）
公立中学校で英語を教えていました。大学で、現場に根ざした英語教育研究をしています。

次は、高等学校の仕事について紹介します。高等学校は、教科担任制を実施している点で中学校と似ていますが、一つの教科が複数の科目に分かれている点が中学校とは違います。例えば、英語では、英語コミュニケーションや論理表現といった科目があり、指導するには各科目の高度な専門的知識が必要です。また、高等学校は全日制、定時制、通信制の課程に分かれていて、自分の進路に応じて普通科、専門学科、総合学科などを選択することができる点も中学校と違います。このような多様な選択肢のある高等学校で勤務されている現職教員に、話を伺いました。教師になって23年目の肥田木洋之先生は、現在、宮崎県立小林高等学校で英語を担当されています。宮崎県教育庁高校教育課で指導主事（教育委員会の立場から先生方に指導助言する仕事）をされていた経験もあります。現在は2年生の探究科学コースの担任をしながら、指導教諭という立場で他の先生方へ指導の改善や充実のために助言する役割を担っています。一日の仕事の流れを追いながら、気になった点をインタビューします。

（1）授業開始まで

一時間ほどかけて宮崎市から出勤。一日のスケジュールを確認した後、メールをチェックしたり、校内情報ポータルサイトで必要な情報を確認したりしています。この日は、週1回だけ開かれる職員朝礼はなかったため、早速教室に向かいます。

7：50ごろから、生徒たちが教室に入って準備するのを見守っています。8：00のチャイムを合図に朝読書開始。生徒が静かに読書をしている間に、先生は生徒の出欠を確認します。副担任と一緒に教育プラットフォーム・アプリに欠席者からの連絡が入っているかを確認します。出欠確認が終われば、先生も読書を始めます。授業づくりに役立てられるように、英語習得研究について書かれた本を読んでいます。熱心に読書をする姿を生徒に見せることも教師の大切な役割の一つです。

「雨が降ってきて、湿度と気温が高くなっているので熱中症が心配です。水分補給を忘れずに」体調を気遣う言葉からＳＨＲがスタートします。定期試験まで一週間を切っているため、テスト範囲の変更や注意事項を黒板に貼りだし、各自で確認して学習を進めるように伝えます。ＳＨＲ後は、合唱リーダーの生徒と、7時間目の学級活動（ＬＨＲ）で行う合唱の指揮者決めについて、打ち合わせをします。この日の肥田木先生のスケジュールでは、一時間目の授業は入っていなかったため、授業開始直前まで数人の生徒から提出物などの質問に対応しています。

【教師のハナシ1──空き時間編──】

興津：一日のスケジュールで、授業や会議の入っていない空き時間がありますよね。何をされているのですか。

肥田木：時間の使い方は人によって違いますが、私の場合はまずアプリで生徒のコメントに返信します。生徒たちは毎日アプリに、家庭学習の時間や学習内容、相談ごとなどを入力していますす。授業の空き時間にすべてのコメントに目を通し、一人一人にコメントを返しています。高等学校は教科担任制なので、小学校の担任のように毎時間生徒の学習の様子を観察できません。また、一人一人と話す時間が持てない日もあります。コメントを読んで、生徒がどのように学習して、何に悩んでいるのかを把握し、温かいコメントを返すことで、できる限りのコミュニケーションを試みています。また、英語の週末課題や英作文のチェックをよくしています。英語コミュニケーションの授業では、英作文の課題を出すことが多いので、一人一人の英作文を読んで添削します。生徒各自のレベルに合わせて、文章の構成や英語の表現を提案したり、具体的によかった点を書いたりしています。そうすると、生徒の取り組み方が変わるように思います。できるだけ時間をかけて丁寧にコメントを書くようにしています。

興津：いくら時間があっても足りないですね。

肥田木：限られた時間をどう使うかはとても重要です。英作文の添削やアプリへのコメントのように、生徒に関わる部分に労力を費やせるように、あえて時間をかけない部分をつくる「引き算」の仕組みづくりが大切だと実感しています。

（2）授業　2年生の英語コミュニケーション

始業のチャイムと同時に、先生は英語に切り替えて生徒に話しかけます。生徒たちは先生の話す英語に慣れているので、先生の話によく反応しています。先生はどのようなことを意識しながら授業をしているのか、見てみましょう。

①単語帳で単語の練習

授業の冒頭で生徒は、家で覚えてきた単語帳の英単語を、何も見ずに発音します。時々、先生はつづりを尋ねたり、日本語の文を提示してその単語で英文を作るように指示したりしています。ただ単語を覚えるだけでなく、実際のコミュニケーションで使えるような練習をしています。

②教科書本文のシャドーイング

聞こえてくる英語のすぐ後を影（shadow）のように追いかけて発音するシャドーイングという活動を行います。音読に似ていますが、発音だけでなく聞く力を鍛えることにも役に立つ活動です。先生は生徒の発音を聞いて、さらに練習が必要かどうかを見極めます。

③教科書本文の理解活動

ボランティア団体について書かれている教科書本文を読んでいます。先生は、生徒がどの程度理解できたかを確認するために、内容について英語で質問します。生徒は一人で考えた後、隣のペアとやり取りして答えを確認します。先生は、生徒から解答を聞いた後に、より正確に答えられるように文法のポイントを簡潔に説明します。本時の授業では、次に紹介する「リテリング活動」がメインなので、文法説明にはあまり時間をかけません。

④リテリング活動

本文の内容を、自分の知っている言葉で説明する「リテリング」という課題が与えられます。本文を見ずに英語で説明しなければならないので、少し難しく感じる生徒もいます。そのため、まず先生がキーワードを使ってやって見せます。先生は、〝such as（例えば）……〟のような本文に載っていない表現を使って、具体例を付け加える方法を示しました。〝Be original（オリジナリティを発揮しよう）.〟の指示のもと、生徒たちは自分の言葉で説明しようと試行錯誤しています。先生のモデルを参考にして挑戦できるので、黙っている生徒は一人もいません。ある生徒が、全員の前で発表しました。先生は、その生徒が〝bond（絆）〟という本文に使われていない単語を使っていたことに感心したと感想を伝えます。そして、その単語がいつも覚えてくる単語帳に載っている単語だったことも伝えています。このような場面を逃さずに伝えることで、単語を覚えることがコミュニケーションで役に立つことを生徒に実感してほしいと思っています。

【教師のハナシ2──授業編──】

興津：先生は授業の最初から最後まで英語を話していて、生徒も英語を使っている場面が多いですね。

肥田木：1年のころから徹底して英語でインストラクションを与えているので、2年生ともなると生徒のリアクションがかなりはやくなってきました。はじめのころは、英語で授業を進めることに戸惑う生徒もいましたが、今では、積極的に意味を推測して発言する姿が見られます。先日の放課後、英検の二次対策をしていたときに、ある生徒があまりに自然な応答をしていたので驚きました。「継続は力なり」だと改めて感じています。また、自分の言葉で説明するリテリング活動では、〝such as（例えば）……〟という表現が使えそうだとわかると、皆使ってみようとします。生徒は、頭の中に「必勝パターンのフレーズ」をストックして、引き出しを増やしています。面白い表現を使用している生徒には全体で発表してもらい、皆で共有してアイデアを取り入れるように伝えています。

興津：授業後、ある生徒が「入学してから語彙力がついてきて、英語が使えるようになったと実感しています」と語ってくれたのが印象的でした。

肥田木：説明を聞いたり単語を覚えたりするだけで終わるのではなく、アウトプットできるような場面を設定して、英語を使えるようにしているからでしょうか。紙の上の知識に留まらず、「使える知識」に変化させていくことが重要だと考えています。直近のゴールとしては、単元で学んだ単語、文法、表現を、定期テストや模擬試験で使えるようにすることを目指しますが、その先に、実際のコミュニケーションの中で活用できることをゴールとして見据えています。

興津：生徒が高校を卒業した後にも、英語を使って大学の授業を受けたり、仕事をしたりできるように、今から力をつけておくことを意識されているのですね。他にも、授業で意識されていることはありますか。

肥田木：リンクさせること、つまり関連させることです。何をリンクさせるかと言うと、例えば、毎回いくつかの単語を覚えてくるように言っていますが、覚えた単語が本文にでてきたら、「この前、単語帳にでてきた単語だよね」とリンクしていることを意図的に伝えます。それによって、覚えた単語が読むときに役に立っていることを実感できると思います。覚えることが、その先に確実につながり、意味のあることだと感じてほしいと思っています。また、前回の授業の内容と今日の授業の内容、あるいは、生徒が発言してくれたことと、今学んでいる内容がどうリンクしているのかを伝えることもあります。頭の中でバラバラになっている知識や経験をうまく結びつけられるように橋渡しします。学んだことを、別の場面で応用していく力は、英語だけでなくどの教科にも共通するものです。きっと社会に出たときにも役に立つと思います。このような力をどの教科でも身につけられるように、学校全体で取り組みたいと思っています。

興津：先生は放課後に部活動や課外学習で忙しいので、授業の準備をする時間があまりないのではないかと思っています。そのような状況で工夫をされていることはありますか。

肥田木：授業づくりでは、毎時間違う活動をすると準備が追いつかなくなるので、年度当初にルーティンをつくるようにしています。そうすれば、毎回ゼロから授業を組み立てることはなくなります。授業中には、生徒も50分間の見通しを持って活動に取り組みやすくなる利点もあります。そのためには、自分がイメージしている流れで利用できる教科書を選ぶことも重要です。

興津：公立の小・中学校では、教育委員会が教科書を採択していますが、高等学校では各学校で教科書を選ぶことができるのですよね。教科書を選ぶときに、特に重視されていることはどのようなことですか。

肥田木：本文の題材が面白く、内容をふくらませることができること、本文の内容からコミュニケーション活動に発展させることができること、デジタル教科書の中身が充実していることです。現在使っている教科書は、何段階かのステップで本文の内容理解の活動が設定されているので、それをうまく利用します。そうすると生徒が次に何をすればよいのかを見通しを持って本文を読み進めることができます。本文の内容をふくらませるために、本文以外の読み物教材や映像教材を用意することもあるので、そのような準備に時間をかけるようにします。このような教材があれば、さまざまな視点から本文のテーマを掘り下げられるので、生徒が深く考えるようになります。さらに、リテリング活動や本文の内容について自分の考えを話したり書いたりする発信活動も行います。教科書通りに進めて知識を得る場面と、考えを深めて自己表現できるようにアレンジする場面とをうまく融合させて、一時間の授業や単元を考えています。

(3) 会 議

先生方は、さまざまな会議に出席します。この日、肥田木先生は、授業の入っていない時間に開催された進路指導部会に出席しました。学校全体の進路指導主任の先生からオープンキャンパス（大学等の魅力や特色を生徒や保護者向けに紹介するイベント）などの最新の進路情報が共有されます。学校でツアーを組んで希望者を大学に連れていくので、この部会でその計画について話します。肥田木先生をはじめとする各学年の進路担当者は、その情報を持ち帰って学年に報告します。さらに、会議では各学年で計画している模擬試験や進路に関する講演会などのイベントについて報告します。

【教師のハナシ3――授業以外の仕事編――】

興津：授業以外にも、学校にはさまざまな仕事の分担がありますよね。肥田木先生は、進路指導以外にどのような仕事を担当されていますか。

肥田木：私は探究科学コースの担任をしているため、コース会議に出席します。他学年の同コースの担任や管理職と、コースの方針を決めたり、フィールドワーク（現地を訪れ、観察したり、関係者から話を聞いたりすること）を企画したりして、生徒が探究活動を進める準備をします。生徒一人一人やりたいことが違うため、全職員で分担して生徒の興味関心に合わせた指導をします。その分担も会議で検討します。市役所に行って話を聞きたい生徒、地元の農家さんにインタビューをしたい生徒、農業試験場とタイアップした活動をしたい生徒など、一人一人の課題に応じた方法を選択できるように、教師が間に入って対外的な交渉のサポートをします。実際に農業試験場で種をまいて、飼料を効率的に育てる方法を調べた生徒もいます。各自の成果は、宮崎県のフォーラムや鹿児島県のシンポジウムなどで発表します。昨年は優秀賞をもらった生徒もいました。

興津：生徒の皆さんがやりたいことを実現できるように、先生方が全力でサポートをされているのですね。教科関連ではどのような取り組みをされていますか。

肥田木：英語科の教科会が週一回あります。そこでは、各学年の英語科教員が集まって、授業で何をしているのか情報交換したり相談したりします。高等学校では、各自が自分の判断で授業の内容や方法を決めることが多く、他学年が何をしているのか知らないこともよくあります。ですが、他の先生方がどのような工夫をしているのかを聞いて、自分がやったことのない効果的なアプローチがあることを学ぶことは、指導力を高めるためには重要です。ですから、会議では、それぞれの工夫を伝え合うようにしています。実際、他学年の取り組みを聞いた先生が「私の学年でもやってみようかな」と試してみて、一つの学年で行っていた取り組みが学校全体の取り組みとなって、連携がとりやすくなったこともありました。

(4) 放課後

生徒は16：25～17：10に課外学習（英語や数学など、授業の内容を補ったり、受験に役に立つように発展的な問題を解いたりする時間）に参加します。その後、部活動に参加して、19：00が最終下校です。この日はテスト前だったため部活動はせずに、生徒は普段より早く下校しました。通常の放課後には、課外活動や部活動の指導をするだけでなく、生徒の個別の活動をサポートすることもあります。例えば、スピーチコンテストやディベートコンテストに参加する生徒の練習を見て、アドバイスをすることもあります。また、海外留学の申し込みのサポートやテストのための学習支援をすることもあります。テスト前後は、テストの作成と採点、成績処理の仕事もしています。さらに、肥田木先生は、県下の先生方が参観する公開授業を控えているため、その準備や資料づくりにも取り組んでいます。

【教師のハナシ4――教師としてのキャリア編――】

興津：先生の担当教科は英語ですが、英語をどのように学んだのですか。

肥田木：小さいころに、英語の音声に慣れ親しむことができるよう、親が環境を整えてくれました。例えば、英語を教えてくださっていた先生からいただいた英語のテープを、親が朝食時に流してくれました。そこで自然と英語を聞く習慣が身につき、耳が慣れていきました。英語を学ぶ素地ができていたことで、徐々に英語が得意になっていったと思います。

興津：先生は、なぜ教師になろうと思ったのですか。

肥田木：理由は一つではなく、いくつもの要素が重なって、教師をめざしたいと思うようになりました。一つには、小学校の図工の先生との出会いがあります。困難にあったときに何通りもの解決方法があることを教えてくれて、子どもながらに「すごい先生だな」と思いました。支援が必要な友だちがいたときに、その友だちの手先の器用さに光を当て、展示ルームでその友だちの作品を展示し、多くの人に見てもらえるようにしていました。できないことに目を向けるのではなく、それぞれのできることや得意なことに光を当てて、そこを伸ばす指導をしてくれました。自分の考え方に大きな影響を与える出会いだったのではないかと思います。もう一つは、自分の特技として、ゴールまでの道筋を考えるのが好きだったことがあります。何かを成し遂げるために何をすべきかを考えることが楽しく、この特技を「教えること」や「困っている人を助けること」に活かせるのではないかと思いました。さらに、長年バスケットボールをやってきたので、部活動でバスケットボールの指導をやりたかったことも理由の一つです。今はバスケットボール部の顧問ではないのですが……。

興津：色々な部活動の顧問を務めることがありますよね。私も経験のなかった陸上競技部の顧問をやっていたので、ゼロから陸上競技のことを学びました。今では知識が増えて、日本の大会やオリンピックを見る楽しさが増えました。先生は、どのようなところに教師の仕事のやりがいを感じていますか。

肥田木：生徒がのびていく瞬間でしょうか。私の想像をはるかに超えてくる瞬間があって、それが面白いですね。一習っただけで十できる瞬間があり、驚くようなパフォーマンスを見せてくれるときがあります。そういう生徒の様子を見ると、私の役割は、やる気の引き金となるスイッチを探して、押すだけだと気づきました。生徒が自分から学び始めるまでのお膳立てができればいいのかなと思っています。

興津：教師の仕事に難しさを感じることはありますか。

肥田木：生徒、保護者、学校、それぞれのニーズがあって、全てに応えたい気持ちがあります。でも、実際には全てのニーズに応えるのは難しいと感じています。「してあげなければ」という思いに突き動かされて、若いときは全力で応えようとしていました。また、それがやりがいにもつながっていました。しかし、誰でも、長い人生でステージが変わり、家族ができれば自分の生活とのバランスを考えるタイミングが訪れます。できていないことに罪悪感をもつときもありますが、優先順位を考えて、やるべきことを取捨選択する必要があると思っています。

学校も少しずつ変わっていて、部活動は土日のどちらか一日をオフにして、平日にも一日オフを設けています。外部指導者に協力してもらう部も増えています。そうすれば、課外学習で発展的に学習したい生徒のニーズに応えられるのでありがたい面もあります。

興津：教師として、これから挑戦したいことはありますか。

肥田木：よりよい授業をつくっていくことはもちろん、積極的にチームづくりに取り組みたいです。教師の仕事は、授業、クラス、部活動など、一人でやることが多くなります。一人で抱え込まないように皆で学び、つながることができるように、校内外で学びの場をつくりたいと思っています。今年から英語の研修会を開催して、県内の先生方が集える場をつくり、情報交換をしています。皆で気軽に語り合える場を作っていくことが自分に与えられた役割だと思っています。

（5）終わりに

肥田木先生のお話から、生徒が目の前の目標を達成できるようにお手伝いしつつ、もっと遠い先の未来を見てご指導されていることが伝わってきました。高校卒業後も生徒の人生は続いていきます。生活や仕事で役に立つ力を今から身につけ、自立できるようにサポートをされているのだと思いました。また、指導教諭という立場から、担当クラスはもちろん、学校全体、宮崎県全体の教育で、生徒にどのような力をつけていくのかを考えて、先生方に情報を発信されています。教師のキャリアの中で、ステージごとに求められる役割を意識して、先生も時代にあわせて変化しながら、学ばれている様子がうかがえました。

校種、学校、担当している校務分掌や役職によって大きく変化するのが教師の仕事の特徴です。将来の進路について悩む多感な生徒たちに寄り添いながら、生徒の自立をサポートする高等学校の教員の仕事は、責任が大きい一方、非常にやりがいがある仕事だと思います。教師の仕事に興味をもつ読者の皆さんに向けて肥田木先生からのメッセージです。

【教師のハナシ5――教師の仕事に興味をもつ皆さんへメッセージ――】

興津：教師の仕事に興味をもつ生徒の皆さんが、今のうちにやっておくといいことは何でしょうか。

肥田木：自分で課題を見つけ、解決策を考え、計画的に進めていく経験をたくさんしておくとよいのではないでしょうか。勉強やスポーツ、探究活動など、すべての場面で経験できるものです。このことは、教師の仕事だけでなく、どの職業についても役立つ経験だと思います。

興津：最後に、教師の仕事に興味をもつ生徒にメッセージをお願いします。

肥田木：教師は大変だというイメージが広がっていますが、世の中のどの仕事も同じではないでしょうか。もちろん大変なこともありますが、生徒の成長を近くで見ることができる素晴らしい職業です。自分で考えて、仕事の内容や進め方を決めることができる面白さもあります。仲間と協力しながらプロジェクトを動かしていく楽しさも味わえます。将来、読者の皆さんと一緒に働くことができることを楽しみにしています。

次の2種類の対話で、Aは同じ質問をしていますが、なぜBの応答が異なるのでしょうか。

（1）A：Do you have a pen?
　　 B：Yes.

（2）A：Do you have a pen?
　　 B：Oh, here you are.

（1）では、Bは文字通りに「ペンを持っているかどうか」を尋ねられたと解釈し、“Yes.”と答えたと考えられます。一方、（2）では、Bは、「ペンを貸してほしい」というAの意図（依頼）をくみ取り、ペンを渡しています。

私たちは、話し手の言葉から、その言葉で何を達成しようとしているのかという意図を読み取ります。また、態度や表情からは、その言葉に皮肉や冗談、嘘が含まれているかどうか、あるいは、「普段通り」「申し訳なさそう」など、どのようなニュアンスが込められているのかを感じ取ります。このように、私たちは、文字通りの意味に加えて、声のトーンや抑揚などの言語情報を補う音声面の情報、ジェスチャー、視線、姿勢などの非言語情報、コミュニケーションを行う目的や場面、状況などを総合的に判断してコミュニケーションを図っています。

外国語の授業では、penのような単語、“Do you～?”などの文の作り方、「これはペンですか」という文字通りの意味を学ぶだけに留まらず、その場の状況や相手との関係に応じたやり取りができる力を身に付けることが必要です。このような力は、外国語教育で育てようとしている「コミュニケーション能力」を構成する大切な要素と考えられています。コミュニケーション能力には、他にも文法や語彙を正確に使える力、伝えたいことに一貫性をもたせて表現する力も含まれています。

小学校の授業で、ある児童が「いとこ（cousin）」という英単語を知らなかったため、“My mother's sister's children.”と表現していました。特定の単語がわからなくても、知ってい

Column

る単語を駆使したり、ジェスチャーを交えたりすることで、なんとか伝えることができます。また、相手の言ったことが理解できない時に“Excuse me.(↗)”と上昇調で述べて、もう一度繰り返してもらえるように依頼したり、話が理解できている時に相づちを打って相手が話しやすくしたりすることも、円滑なコミュニケーションのための重要な手立てです。このような工夫ができる力もコミュニケーション能力の大切な要素です。

外国語を教えるということは、単に知識を伝えるだけでなく、発話の意味を深く理解し、子どもが自分の考えを適切に表現できるように手助けすることです。そして、コミュニケーションを図る場を提供し、子どもが成功体験を積むことができるようにすることです。外国語を通じて、子どもたちが他者とつながり、成長していく瞬間に立ち会えることほどうれしいことはありません。このような学びが実現できる授業づくりを追求できることに、教師の仕事の魅力がつまっています。

【興津紀子】

用語解説　「職階と校務分掌」

　職階とは、学校教育法第7条で規定された職位の上下に基づいた組織構造であり、同法第37条で各職階の職務内容が明確に示されています。学校には、校務をつかさどり、所属職員を監督する校長をはじめとして、副校長、教頭の管理職がいます。主幹教諭は、校長と教頭を助け、命を受けて校務の一部を整理し、児童の教育もつかさどりますが、管理職ではありません。指導教諭は、児童の教育をつかさどり、他の教諭に、教育指導の改善及び充実のために必要な指導及び助言を行います。さらに宮崎県では、指導教諭から選抜されたスーパーティーチャーが存在し、指導助言だけでなく、公開授業等で教育実践や指導技術等を普及させています。

　もっとも、教員の仕事は、教科活動だけではありません。学校での仕事の半分近くは、教科活動以外の校務という仕事をします。具体的には、教育活動の運営、施設や設備の維持管理、所属職員の監督、地域連携など学校運営上、必要な仕事がたくさんあります。これらの仕事は、校長をはじめとする管理職のみではできませんので、教諭が役割分担して取り組みます。これを「校務分掌」と言います。教諭を充てるので「充て職」とも言います。教諭の充て職なので、身分的には同列です。校務分掌は、学校教育法施行規則第43条に則り、校長が調和のとれた学校運営が行われるためにふさわしい校務分掌の仕組みを整えます。必要に応じて、校務を分担する主任等を置くことができ、教務主任、学年主任、生徒指導主事、保健主事及び事務主任のほか、理科主任、道徳主任なども置かれています。この内、教務主任は、校長の監督の下で教務の連絡調整をする重要な役割を担います。中学校と高等学校には、進路指導主事が置かれています。校務分掌は、校長に決定権があるため、学校の規模や状況に応じて構成が違います。校務分掌の学校間比較をすると校長の経営方針の違いがわかります。

【湯田拓史】

用語解説「長期研修制度」

教員は、教育公務員特例法により、研修の機会が保障されています。特に同法第22条第3項により、長期にわたり職場を離れて研修を受けてもよい長期研修制度は、教職独自の制度です。大学や大学院での研修、研修機関での研修、海外の教育施設での勤務の3種類があります。

大学や大学院での研修は、都道府県によって異なります。大学での半年間から1年間の研修、研究系大学院での研修、教職大学院での研修と大きく3種類に分かれます。さらに、都道府県教育委員会による現職派遣研修と、独自に私費で就学する研修の2種類に分かれ、費用負担のあり方が異なります。宮崎県の現職派遣の場合、勤務校に所属しつつ大学院へ出向することになり、学費こそ自己負担ですが、在学中の給与が保証されます。

研修機関での長期研修は、独立行政法人教職員支援機構での研修（3週間）、国立特別支援教育総合研究所での研修（2か月）、都道府県の教員研修センターでの長期研修があります。都道府県の教員研修センターでの研修は、研究員としてセンター勤務の指導主事の指導助言を受けながら、1年かけて自分が設定した主題を研究します。さらに、他の研修生とともに広く教育実践に関する研修も受けます。費用の自己負担がなく、給与も保証されます。

海外の教育施設に派遣される教師は、派遣先で勤務することになりますが長期の研修出張扱いになります。海外の日本人学校での勤務期間は2年間で、最大2年の延長ができます。海外勤務での経験を積むことで、教師としての力量を高めることができます。

今後、履修履歴システムを活用とした教職大学院と行政研修との単位互換制度が進むことが計画されています。実現すれば、修学期間短縮だけでなく、研修免除にもなり、長期研修制度の利便性がさらに増すことが期待されています。

【湯田拓史】

教師として生きるカクシン（核心・革新・確信）

――授業をつくる――

●藤本　将人（ふじもとまさと）
大学では社会科教育学の講義を担当。社会科における授業評価、学習評価を研究しています。

教師の魅力って何ですか？
そう生徒の皆さんに問われたとしましょう。

それはね……

今、私はあなたたちを教えているわけだけれども、
一緒に学校で時間を過ごしていると、
あなたたちが教師である私を越えていく一瞬っていうのが見えるときがあるの。

その瞬間に一度でも出会ってごらんなさい。
教師として生きるって本当に素敵なことだと思わせてくれる。
その瞬間に何度でも出会ってごらんなさい。
教師として生きるって本当に素敵なことだと何度でも思わせてくれる。

教師の魅力って何ですか？
そう生徒の皆さんに問われたとき、このように答える先生を私は知っています。

宮崎県の中西部。宮崎市の中心部から車で約2時間。熊本との県境にも近い山深い谷あいの村。そこに「1000人が笑う村」西米良村があります。

その西米良村の中学校に勤めていた社会科の先生。ここではK先生とお呼びしましょう。K先生は、「その瞬間」に出会うために、どうすれば授業を受けている生徒の皆さんが楽しく熱く継続的に学び続けることができるのか、を追い求めています。この文章を書いている私は、K先生のそばで長期にわたってその姿を見ることができた人間の一人です。私の目から見たK先生の教師としての生きがい、楽しみ、時にはその苦しみも交えて、皆さんにご紹介できればと思います。教師として生きる、生きようとする、生きてみようかな、と考えている皆さんにK先生からいただいた私の貴重な経験をお届けできればと思います。

この章では、K先生の「その瞬間」に出会うための努力を、授業づくりに引き付けてお話しましょう。先生がどのように日々の授業をつくっているのかを知れば、先生が先生として生きる喜びとは何なのか、を直感として感じてもらえるに違いないからです。それでは、「先生！　教師になるってどんな感じ？」」を一緒に体験してみましょう。

（1）教師として生きるカクシン

さて、早速ですが、本題です。

「教師になるってどんな感じ？」

K先生にお尋ねすると、三つのカクシンで語ることができるとのこと。一つ目は「教師として生きる核心」。二つ目は「教師として生きる革新」。三つ目は「教師として生きる確信」。核心。革新。確信。三つまとめてカクシン。カクシンには、三重の意味を重ねているのですね。

「核心」は、教師として生きるための中核となる考え方のこと。「革新」はその中核を乗り越えていく考え方のこと。「確信」は「核心」と「革新」が合わさったところに教師としての揺るがない自分なりの考え方が生まれてくる、教師として生きていくための自信が付いてくる、そのような考え方を持つことができるようになってくる、ということを意味しています。K先生のエピソードとともに、三つのカクシンに触れてみましょう。

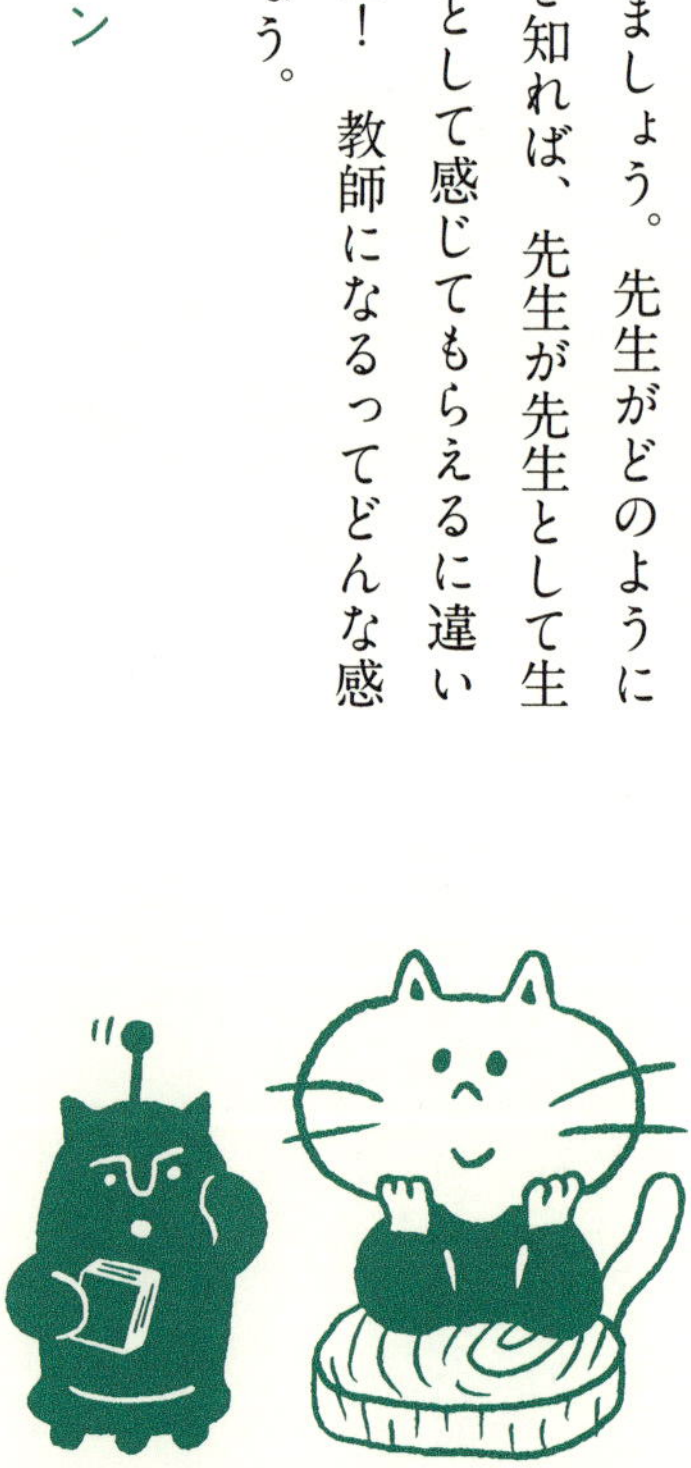

（2）教師として生きる核心――「授業を受けることで生徒の皆さんが賢くなること」――

学校生活において、多くの時間を占めるのは、やはり授業でしょう。どの先生も、生徒の皆さんに、学んで欲しいことを、学んでよかった、と思ってもらえるように、授業をつくろうと努力しています。

うまくいくこともあります。人間ですもの。もちろんうまくいかないことだってあります。それでも、なるべく、できるだけ、やってよかった、知ってよかった、次の授業が楽しみだ、と生徒の皆さんに思ってもらえるように、授業づくりにエネルギーを注いでいます。

学級のこと、部活のこと、行事だってたくさんの準備が必要ですが、それらだけでなく、毎日の授業づくりに多くのエネルギーを費やすのは、「授業を受けることで生徒の皆さんが賢くなること」が教師として生きるための核心だからです。

K先生の取り組みを紹介しましょう。K先生は、「やってよかった、知ってよかった、次の授業が楽しみだ」と生徒の皆さんに思ってもらえるように、まず次の頁のような図を作成するところから授業づくりを始めます。のちに詳しく紹介することになりますが、この授業をつくり始めたのは、2017年の3月30日のこと。本番の授業は、2017年7月4日~7日に行われているので、約三か月かけた授業づくりです。初日となるこの日は、他の先生たちも集まって、みんなで話し合いながら授業づくりに取り組みました。話し合いの様子を追いかけてみましょう。

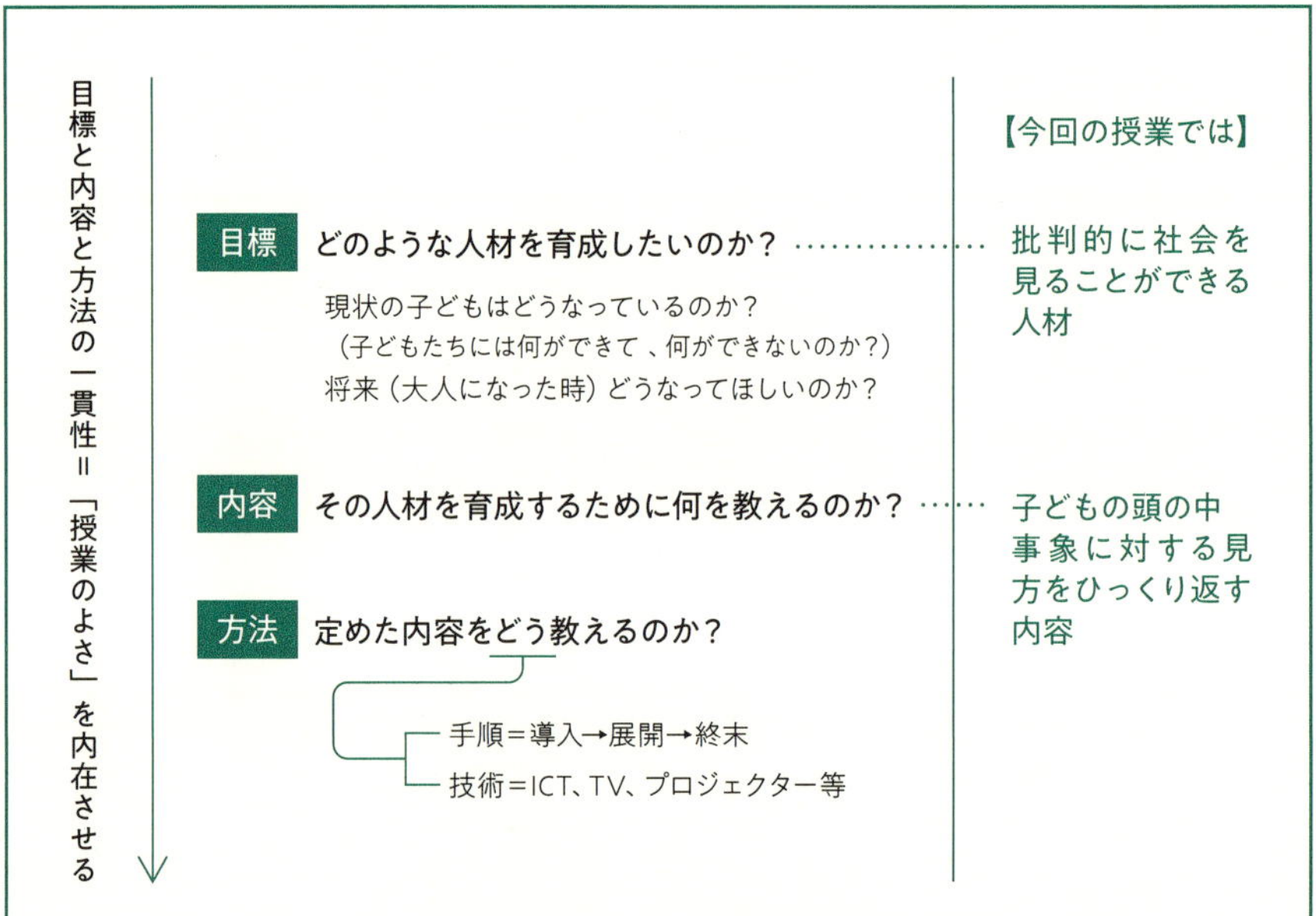
目標と内容と方法の一貫性＝「授業のよさ」を内在させる
【今回の授業では】
目標
どのような人材を育成したいのか？
現状の子どもはどうなっているのか？
（子どもたちには何ができて、何ができないのか？）
将来（大人になった時）どうなってほしいのか？
批判的に社会を見ることができる人材
内容
その人材を育成するために何を教えるのか？
子どもの頭の中事象に対する見方をひっくり返す内容
方法
定めた内容をどう教えるのか？
手順＝導入→展開→終末
技術＝ICT、TV、プロジェクター等
図１　目標，内容，方法の視点で考える

では、授業づくりの最初の場面。取り掛かりの様子です。

K先生が授業をつくるにあたって、最初にやること。それは「この授業で私はどのような人材を育成したいのだろうか」と自分自身に問いを投げかけることだそうです。

具体的には「私のこの授業を受ければ生徒にどのような力が育つのだろうか」「目の前の子どもたちには何ができて、何ができないのだろうか」「私の授業を受ければ、できないことができるようになるのだろうか」を考えるのだと教えてくださいました。

先の三つの問いを考えることで、「この授業で私はどのような人材を育成したいのだろうか」を考える。

生徒の皆さんが巣立つときには、皆さんを取り巻く社会はどのような様子なのでしょう。未来をみすえて「将来、大人になったときにどうなってほしいのか」「社会に出て役立つ力を、社会に出る前に、今、身につけるにはどうすればよいのか」を考えるところから始めている。

これらの問いを考えることを、K先生は「目標を考える」と呼んでいました。

2017年3月30日当時の話ですが、この授業を受けるのは西米良村に住んでいる中学校3年生を予定していました。中学校3年生ということは、あと3年で成人するということ。村には高校がありませんから、中学卒業後、進学のために村を離れ、下宿生活をする生徒もたくさんいます。親元から離れて、ひと足先に、一人前の大人として社会で振る舞うことができるように、今のうちに身につけておいてほしい力は何なのだろう。そのような力を持った人間像とはどのようなものなのだろう。K先生は、何度も何度もその場を歩き回り、時にためらい、そして覚悟を決めて、「批判的に社会を見る力」「批判的に社会を見ることができる人材」と定めたのでした。

K先生が次に考えたこと。

「批判的に社会を見る力」をつけるために、では、どのような教材を取り上げればよいか。目指す人材を育成するために何を教えるべきなのでしょう。K先生は生徒の皆さんの頭の中を想像し、生徒の皆さんが「やってよかった、知ってよかった、次の授業が楽しみだ」と思ってもらえるように、授業で取り上げる教材を考えることにしました。しかし、すぐには見つかりません。考えを巡らす時間をずいぶん長く過ごすことになり、結局この日は夕方を迎えることになったのでした。自宅に帰り、改めてアイデアを練るということで他の先生たちも解散となりました。

K先生から30日の夜に送られてきた図を左ページに紹介します。

夕方まで一緒にいた先生たちは、今日はもうこれ以上話が進まないだろう、少し頭を冷やせば何か良いアイデアが浮かぶかも知れない、と思っていたのですが、K先生から「具体的に考えてみる方法を考えてみた」と夜にお知らせが届きました。

そして、そのお知らせに、一言、「これを元にもう一度、具体的に授業の内容を考えてみます」との言葉が添えられていたのでした。

○生徒ができていないことを裏返して、授業の目標を定める。
○まずは、大きく考えて、その後に細かく考えていく。
○「〜ができるようになるには、何ができないといけないのか」という視点で目標をより細かく、具体的にしていく。
○「いくつなのか」「何分かけるのか」「どんな活動をさせるのか」「何に書かせるのか」等の問いに答える形で具体的に授業をつくっていく。
○多面的多角的に見るといった内容は、学習指導要領にも示されている。しかし、子どもたちの姿から導き出されることが大切。「学習指導要領に示されているから」だけではなく、「目の前の生徒たちにとって意義があるから」と考えるようにしたい。

子どもたちの実態（具体）から授業を構想し、具体（時間配分、資料数、終業のチャイムの迎え方）に落とし込んでいく。

考え	問い	応答
生徒ができていないことを裏返して、授業の目標を定める。	Q. 生徒ができることは何か Q. 生徒ができないことは何か	A. 鵜呑みにすること 一定のことを理解すること A. 社会的な見方を疑うこと
まずは、大きく考えて、その後に細かく考えていく。	Q. 社会的な見方を疑うには、どんなことができないといけないか	A. 社会的事象について、多面的多角的に見ることができるようにする
「～ができるようになるには、何ができないといけないのか」という視点で目標をより細かく、具体的にしていく。	Q. 多面的多角的に見ることができるようにするには何が必要か	A. ①他の見方を知る ②自分なりの見方を創る
「いくつなのか」「何分かけるのか」「どんな活動をさせるのか」「何に生かせるのか」等の問いに答える形で具体的に授業をつくっていく。	Q. 本時、いくつの見方を教えるのか Q. 見方を知らせるのに、何を使うのか ・資料？・GT？・説明？	A. 2つ A. 資料（2つ）
多面的多角的に見るといった内容は、学習指導要領にも示されている。しかし、子どもたちの姿から導き出されることが大切。「学習指導要領に示されているから」だけでなく、「目の前の生徒たちにとって意義があるから」。	Q. どんな風に創らせるのか ・書かせる？ ・議論させる？ Q. 何に書くのか その後どうするのか ・班で共有→チャイム？ ・学級で共有→チャイム？	A. 書かせる A. ワークシート A. 抽出して発表し、全体で共有

図２　問うことで細かく考え，授業を具体化していく

Ｋ先生が示した「考え」は、これまでの教員生活でＫ先生がつかんだ授業づくりについての教訓が表現されていました。他の先生たちもこの図を見て、それぞれに「やってよかった、知ってよかった、次の授業が楽しみだ」と生徒の皆さんに思ってもらえる授業の姿を想像しようと取り組んだのでした。

（3）教師として生きる革新――「生徒から学び、生徒の要求に応えようと努力することで、教師自身が変わっていくことがある」ということを認めること――

2017年4月6日。あれから一週間が経過した時点で、再びＫ先生とお会いしました。「批判的に社会を見る力」「批判的に社会を見ることができる人材」を育てるためにはどのような授業をつくればよいのか。Ｋ先生は、あれから三日間、まずは自分一人で考え、悩んだとのことでした。しかし、じっとしていてもアイデアが出てくるはずがない、と思い立ったＫ先生は、週末に本屋さんに出かけ、書棚の前に立ち、段の左上から順に本の背表紙を読み、右下まで視線を送ると、また別の段の左上から背表紙を読む、といったことを繰り返したそうです。引っかかりのあるタイトルを見つけては、その場でとにかく読みあさる。

できれば授業で使えそうな資料が載っている本に出合いたい。

中学生が受ける授業をつくるのだから、取り上げる資料が難しすぎてはいけない。

批判的に社会を見る力を育てるのだから、生徒のこれまでの見方をひっくり返すような知見が得られるといい。

そう思いながら、書棚を眺めたそうです。

日常的に今の社会を批判的に見ている人はいないだろうか。今の現実の世界で、そのような人材を見つけることができれば、その人が書いたものをモデルにして教材をつくることができるかも知れない。

科学技術がすごいスピードで発展している。ヒト・モノ・カネの動きも速くなっている。地球がどんどん狭くなっている。グローバル化が人類に大きな恩恵をもたらした一方で、そのひずみに苦しんでいる人たちがいる。今ではひずみが大きくなりすぎて、人間としての尊厳を保ちながら生きていくことができない地域だって生まれている。

かつて、中学1年生の地理的分野の授業で、そのようなことを生徒と話し合ったことを思い出し、持続可能な社会の創り手とは何かを改めて生徒と一緒に考えたくなった。

今の社会を批判的にとらえようとする学問があることを思い出した。社会学。教師として教壇に立つ前に、大学の講義で色々な話を聞いた。もしかしたら、学問の中に、自分の探している教材が見つかるかも知れない。

2017年4月6日。K先生は一週間のうちに考えたこと、実際にやってみたことを私に話してくれました。

教師として生きる革新。それは「生徒から学び、生徒の要求に応えようと努力することで、教師自身が変わっていくことがある」ということを認めること。もしかしたら、「批判的にものを考える力を授けたい」「批判的に社会を見ることができる人材」を育てたいという目標のアイデアは、過去に教えた生徒たちから教えてもらったものなのではないか。生徒から学ぶ姿勢を持ち続けることができれば、K先生自身にも成長するチャンスが訪れる。

K先生は、「持続可能な社会」に引きつけて、引っかかりのあるタイトルの中から、二冊の本を本格的に読むことを決めました。

○三浦展（2004）『ファスト風土化する日本――郊外化とその病理――』洋泉社。
○エリザベス・L・クライン（2014）『ファストファッション――クローゼットの中の憂鬱――』春秋社。

『ファスト風土化する日本』は、日本の地方の街並みが画一化してきたということを示した本。『ファストファッション』は、画一化が世界中の家の中のクローゼットにまで及んでいることを示した本。『ファストファッション』は、世界を席巻しているファストファッションの流行を取り上げ、一見消費者にとって良いことづくめのように見える服の生産が、実は発展途上国における人権侵害により成り立っているということを示したドキュメンタリー本です。

「格安ファッションチェーンは、問題の多い現代の消費文化の縮図でもある。わたしたちは電化製品や家具や装飾品、とりわけ衣料品を、前代未聞のペースで、買っては捨てている。購入するときに考えるのは、『今、何が流行しているか？』ただそれだけだ。……（中略）……衣料品には、アメリカという国家が抱える問題がすべて凝縮されている。経済問題も環境問題も、さらには文化的な問題さえ関わっている。本書は、単に格安ファッションを論じたものではない。ファッション中毒の本ですらない。ファストファッション化した現代社会そのものについて語った本なのである。」（エリザベス・L・クライン（２０１４）『ファストファッション――クローゼットの中の憂鬱――』春秋社、p．２８６．）

この本の「あとがき」に書かれていた右の一文は、アメリカの社会だけでなく日本の社会にもあてはまる。生徒も普段着にファストファッションを愛用しているし、服のタグを見れば生産国をたどることもできるだろう。中国、台湾、バングラデシュ。タイもあるし、ベトナムで作られたことを示すタグもありそうだ。もしかしたら、普段着ている服を探究すれば、日本と世界のつながりが見えるようになるかも知れない。この本は、そこに「国家が抱える問題がすべて凝縮されている」と言っている。

K先生はこれら二冊の本を元に、生徒の皆さんに授業でつかんでほしい知識の全体をつくることにしました。

（４）教師として生きる確信――「生徒の成長が教師の予想を越えていくこと」――

２０１７年４月14日。K先生は、本から得られた情報を組み立て、図にしたものを見せてくださいました。

授業のテーマは、「グローバル化により生まれた人権問題を考える―社会的ジレンマから見たファストファッション―」。授業は全部で３時間を予定。学習指導要領や教科書に引きつけると、公民的分野の「人間の尊重と日本国憲法の基本原則」に位置づきます。

私たちが生きる社会で起きてはならないことなのに、現実に起きてしまった「不都合な事実」を示すことで、生徒に「批判的に社会を見る力」を養うことを目指す授業です。授業の最後には、世界の皆が幸せになるために、これからの社会のあり方を生徒の皆さんと一緒に改めて考えてみる活動も盛り込まれています。

この授業に登場する人物は、①発展途上国で服を作っている工場主、②その工場で働いている労働者、③発展途上国の工場主に洋服の生産を発注している先進国のアパレル企業、そして④その服を購入して使用する各国の消費者です。

①工場主、②労働者、③アパレル企業、④消費者の四者が、それぞれに自らの幸福を追求する行動を取り続けたことで、途上国の工場で建物の崩壊事故が起きてしまいます。この事故によって、本来亡くなるはずではなかった多くの人が亡くなったという「不都合な事実」を生徒の皆さんに知らせます。安く買うことができる、流行のファッションに身を包むことが幸せであるという考えを世界中の多くの人々が持ち続けた結果、国家レベルでの貧困が生み出されている現実を考えていくという授業です。

あらゆる立場の人々が、それぞれの要求を追求した結果、社会全体として望ましくない状態が生まれることを「社会的ジレンマ」と言いますが、この授業では「社会的ジレンマ」を社会を見るときの見方・考え方にして、社会に生きる自らの生き方を考えていきます。

1時間目では、授業の学習内容と自らの生活との結びつきを確認するために、生徒の皆さん

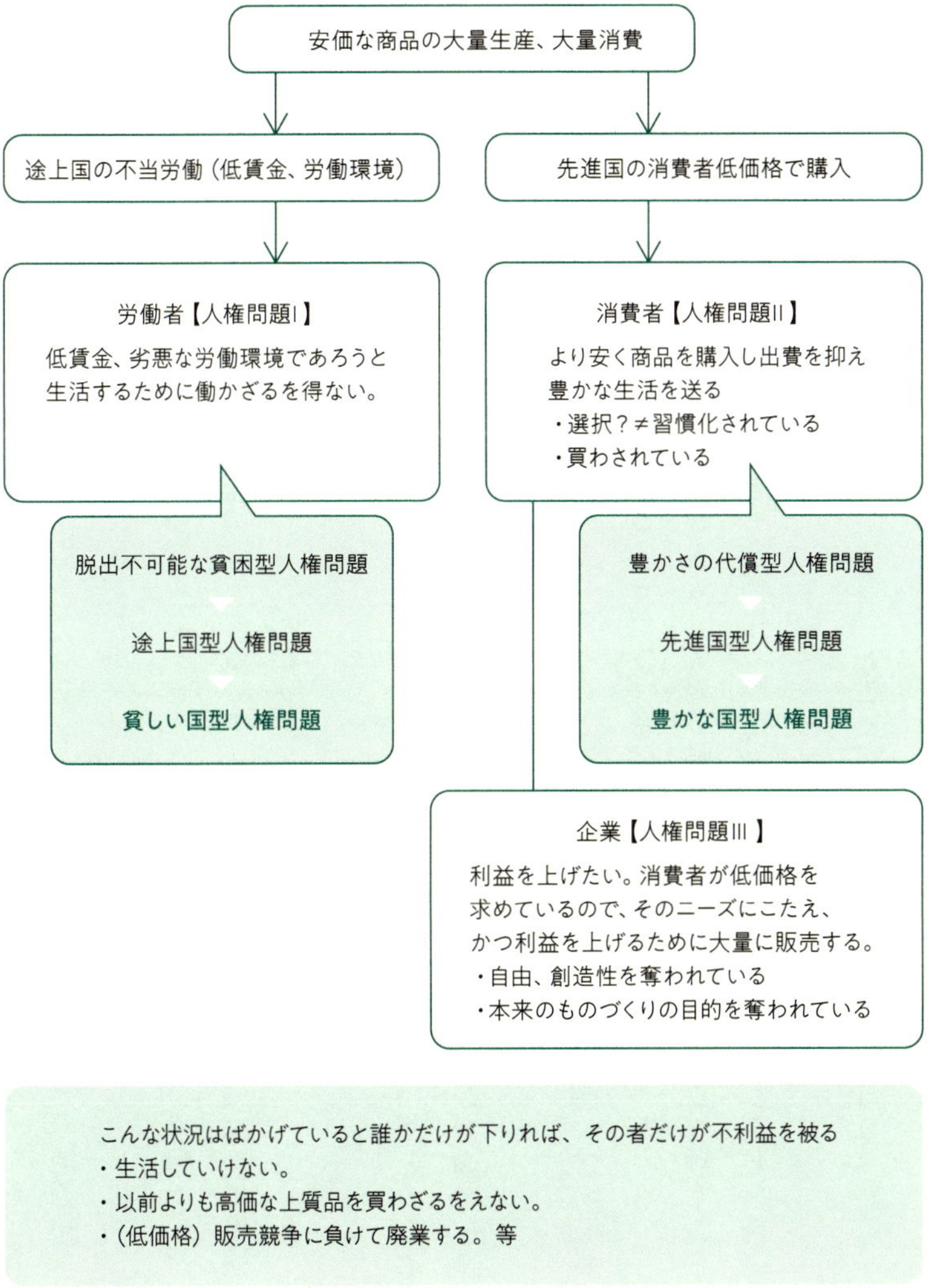
安価な商品の大量生産、大量消費
途上国の不当労働（低賃金、労働環境）
先進国の消費者低価格で購入
労働者【人権問題Ⅰ】
低賃金、劣悪な労働環境であろうと
生活するために働かざるを得ない。
消費者【人権問題Ⅱ】
より安く商品を購入し出費を抑え
豊かな生活を送る
・選択？≠習慣化されている
・買わされている
脱出不可能な貧困型人権問題
途上国型人権問題
貧しい国型人権問題
豊かさの代償型人権問題
先進国型人権問題
豊かな国型人権問題
企業【人権問題Ⅲ】
利益を上げたい。消費者が低価格を
求めているので、そのニーズにこたえ、
かつ利益を上げるために大量に販売する。
・自由、創造性を奪われている
・本来のものづくりの目的を奪われている
こんな状況はばかげていると誰かだけが下りれば、その者だけが不利益を被る
・生活していけない。
・以前よりも高価な上質品を買わざるをえない。
・（低価格）販売競争に負けて廃業する。等

図３　社会的ジレンマ／ファストファッション

に普段着ている服を教室に持ってきてもらいます。持参した服の中には有名なファストファッションブランドのものもきっとあるでしょう。服にはタグがついているはずで、生産国が印字されているでしょう。確認した国の中からバングラデシュを取り上げ、その地で起きた「ラナ・プラザ」ビル崩壊事故を報じたニュース映像を見せます。ニュースは伝えます。崩壊した商業ビル「ラナ・プラザ」内には、5つの縫製工場が入っていたこと。そこには3000人以上の人々が働いていたこと。そして、その縫製工場が崩壊し、多くの人が巻き込まれ亡くなったこと。なぜこのような事故が生じたのか。

2時間目に、生徒の皆さんに、原因の一つとして建物の老朽化が進んでいたという事実を知らせます。建物に亀裂が入るほど老朽化していたにもかかわらず、工場主は労働者を働かせ、また労働者も危険を知りながら、その建物内で働いていたこと。

工場主は安全管理のために修繕すべきであることを知りながらも、先進国のアパレル企業が押し付けるコスト低下の要求を飲まざるを得ず、その費用が用意できなかったこと。

危険かつ低賃金であるとは知りながらも、工場で働く人にとっては、そこで働くことが安定した収入を得られる道であったこと。老朽化した工場であってもそこで働くことを希望する人が後をたたなかったこと。

コストを抑えたい先進国のアパレル企業、生活を安定させたい発展途上国の労働者、修繕したいが費用を用意できず働かせ続ける工場主。こうしたジレンマのすべての背景には、流行を取り入れつつも低価格の服を買い求める先進国の消費者の欲求があることを生徒は知ります。

3時間目には、1、2時間目での学習を踏まえ、実際にどうすべきだったのか、自分がそれぞれの登場人物の立場になったらどうしたいか、を問うことにする。

ファストファッションのおかげで、先進国の消費者の多くはお金をかけずにおしゃれを楽しむことができる。先進国のアパレル企業は、服の製造コストを下げることで高い収益を上げることができる。途上国の工場主は、先進国のアパレル企業から仕事を受けることで工場を閉鎖せずに済む。その工場で働く労働者は安定した収入を得ることができ、生活の向上を望むことができる。しかし、結果的には、工場で働く多くの人々が亡くなることになった。

消費者、企業、労働者はそれぞれ、自らの利益となる行動を取り続けた。ここには途上国側の工場主、労働者と先進国側の企業、消費者との間で、豊かさを求める欲求のぶつかり合いが存在している。

さあ、この授業を受けた生徒の皆さんは、どのような解決策を提案することができるだろうか。この問題に対して、唯一絶対の正解はないし、K先生ももちろん答えを持ち合わせているわけではなかった。しかし、持続可能な社会をつくるために、今ある社会のあり方を一度突き放して疑い、今より少しでもよい社会があるのだとすれば、そのあり方を考えておくことは大切なことだ。授業の説明をしながら、K先生はこのようなことをお話ししてくださった。

教師として生きる確信。それは「生徒の成長が教師の予想を越えていく瞬間に生まれる」。世界でまだ誰も明確な答えを見出していない問題。そこに切り込むことができれば、「やってよかった、知ってよかった、次の授業が楽しみだ」と生徒の皆さんに思ってもらえるのではないか。

教師をはじめ、世界中の誰にも未だ明確な答えを出すことができない問題に生徒が答えを出す。ここに教師としての揺るがない自分なりの教職に対する考え方が生まれる。未知の問題にも生徒は答えを出すことができる。このような生徒を育てた実感が、教師として生きていくための自信になる。K先生はそう語った。

2017年7月4日~7日。K先生は、実際に西米良中学校で授業を行いました。学習の結果、生徒は次のような解決策を提案するに至ります。

「売った値段の半分を発展途上国が、半分を先進国企業が得たらいい」

「外国企業は、発展途上国の工場に服を作らせてもいいが、その工場を買い取らなければならないようにする」

途上国の豊かさを追求する権利を保障するため、先進国企業の豊かさを追求する権利を制限するという案でした。

別の生徒は別案を提案しました。

「発展途上国税をつくる」

「作ったものをバングラデシュ内で売って、お金を貯めてからまた再開する」

途上国の豊かさを追求する権利を保障するため、先進国消費者の豊かさを追求する権利を制限するという案でした。

生徒の皆さんから出された解決案を目にしたとき、「あなたたちが教師である私を越えていく一瞬っていうのが見えるときがあるの」と思ったそうです。K先生は私にそう語ってくれました。

「その瞬間に何度でも出会ってごらんなさい。教師として生きるって本当に素敵なことだと何度でも思わせてくれる」。さらにそう話してくださったのでした。

（5）K先生の「座右の銘」

K先生に、先生の座右の銘ってありますか？　と尋ねたことがあります。

座右の銘とは、常に心に留めておく自分にとっての大切な言葉、という意味です。サンチァゴ・イ・カハールの言葉を教えてくださいました。

「教師の最も純粋な栄光は、自分に続く弟子を育てることにではなくて、自分を越える賢人を育てることにある。」（酒井邦嘉（２００６）『科学者という仕事』中公新書、pp.211～233．原典はS.Ramon y Cajal（１９９９）、Reglas y Consejos sobre Investigation Cientifica: Los Tonicos de la Voluntad' Coleccion

Austral.)

この言葉は、教師としての生き方を示すものであるとK先生は言います。

多くの先生には、学校の先生としての共通した考え方や仕事に対する独特のこだわりがあります。国語、算数、理科、社会、英語。体育に音楽、美術に技術。家庭科、道徳、生活科。総合的な学習の時間や総合的な探究の時間にも担当される先生のこだわりが出ます。授業のスタイルだけでなく、学級のまとめ方や行事への取り組み方、部活での振る舞い方など、先生によってこだわりの現れ方はそれぞれ違っていて、しかも多様であるのは、生徒の皆さんも日々の学校生活で感じているのではないでしょうか。

教職の魅力。それは結局のところ、先生方が持っている独特のこだわりから透けて見えてくるように思います。K先生の場合は、生徒の皆さんと一緒に悩みながら、教師自身も共に成長していくことができるという実感にあったのではないでしょうか。K先生の授業づくりをそばで見ていて、私はそのように感じたのでした。教師としての生きがい、楽しみ、時には何かを生み出す苦しみ。それらの全てが教職の魅力であるということを、K先生は教えてくれたように思っています。

【引用文献】

エリザベス・L・クライン（２０１４）『ファストファッション――クローゼットの中の憂鬱――』春秋社．

酒井邦嘉（２００６）『科学者という仕事』中公新書．

S.Ramon y Cajal（1999）´ Reglas y Consejos sobre Investigation Cientifica: Los Tonicos de la Voluntad´
Coleccion Austral.

III

教職の未来を語り合うために

子どもの「可能性」が見えるということ

竹内　元

教壇から教師は何を見ているのか。子どもが見えるというのは、子どもの興味をよく観察し子どもの関心を知ろうとすることではありません。授業において、教師には子どもの可能性が見えている。でも、ただ教壇から子どもを眺めても、子どもの可能性は見えてはきません。教師は、どのように考えて子どもを見ているのか。教師は、どのように子どもを見ながら考えているのか。

1．子どもを肯定からみる

教師は、子どもの言動に対して、常に否定ではなく肯定を見ようとしています。たとえば、「授業中であれ、好きなときに机の下に潜る」と一見特異な行動をする子どもに、「誰でも落ち着く場所が必要である」という点ではみんなと同じであると、教師は違いのなかにある同じところを見出すことができます。課題に時間がかかる子どもに最後までやり抜くところや課題にていねいに取り組むところを、教師は発見し価値付けることができます。さらに、課題がなかなか終わらない子どもにも、課題にすぐに取り組むようになった成長がある点に、目を向けることもできます。遅刻をした子どもに「しまった」という表情を見ることもできれば、子どもが何時であれ学校に来たことに価値を見出す教師には、遅刻という概念すらありません。教師が絶えず子どもを理解する自らの視点そのものを問い直し、実践をつくり変えてきた。そうした学びの蓄積が、教師にはありました。

嫌なことがあると、鉛筆を教師に投げつけ、机の上のものをぶちまけてしまう子どもがいました。たしかに、この行為を肯定的にみることはなかなかできません。でも、ある教師は、そうした状況に「どうすればいい！」と解決を急ぐのではなく、「どうしたのかな？」と子どもの立場になって、なぜそういう言動を子どもがとるのかを考えながら、自らの行為もふりかえります。すると、教師が「わかった？」と子どもたちに聞くとき、理解しているかどうかの確認に一部の子どもしか反応していないことに気付きました。わからなかった子どもが教師に「わかった？」と聞かれても、「わからない」とは言いにくいことに注意が向けられていなかったのです。

「わかった？」という教師の聞き方は、「理解しているはずだ」という教師の思い込みを子どもたちに押し付けていることがあります。「わかった？」ではなくて、「伝わった？」「どうだった？」と聞いたらどうなるか。教室に「ええっ？」とか「わかんない」とか、つぶやきがもれ始めます。そうしたことを何度も繰り返していくうちに、床に寝そべっていた子どもが椅子に座って授業に参加するようになりました。教師が声を荒げて注意をしたり、子どもを名指しで叱責したりするのではありません。教師が子どもとの関係のあり方を自ら見つめ直す。授業づくりは、子どもたちの異議申し立てを聴きとることを通して教師自身が自らの思い込みや当たり前を学びほぐしていかないと、先には進みません。そうすることではじめて、子どもたちは、教師と出会い直すことができるのです。「わからない」「できない」という子どものヘルプだけでなく、「おかしい」という子どもからの異議申し立てに耳を傾けることが教師にできたとき、肯定は創り出すこともできるのです。

ところで、「ごんぎつね」という物語を小学校4年生で学んだことを覚えていますか。ごんは、いたずらばかりしているひとりぼっちの小ぎつねです。子どものきつねではなく、小さなおとなのきつねです。最初にある設定場面で、中心人物であるごんはどんなきつねなのかを子どもたちと確認しているとき、「では、おとなってどこに書いているの？」と、根拠になる文はどこにあるのかを教師が子どもたちに聴きました。子どもたちは一瞬はっとして息をのんだ後、本文に何度も何度も目を通しています。でも、ぜんぜん見つかりません。教師がヒントを出そうかと尋ねると、子どもたちは「いい」と言って、あくまでも自分たちで探そうとします。でも、見つからない。とうとう教師は、どこに書いてあるのかを子どもたちに教えることなく、授業を終えてしまいました。次の日、ごんが兵十にしたいたずらを後悔している場面を音読しているとき、子どもたちから、「あっ」という声がもれました。物語にある「ところが、わしがいたずらをしてうなぎを取ってきてしまった。」という文を読んだからです。教師は、子どもたちが自分たちだけで答えに辿り着けると信頼していました。そのことが、子どもたちにも伝わっています。教師は、場面を越えて考えることができていないと否定的に子どもを見る前に、粘り強く考え続けていく肯定的な姿を見ています。教師がどのようなときも子どもを肯定から見ようとするとき、子どもの可能性は、教師の前にも現れてきます。

2. 違いが認められる教室に子どもの可能性は生まれる

授業が始まる前に、「ことば集め」や「メイクテン」といった常時活動に取り組む学級がありました。「ことば集め」や「メイクテン」といった活動を、小学校で経験したことはありますか。

「ことば集め」は、たとえば、教師が「トマト」と板書し、子どもたちに何のことば集めをするのかを想像させ、「やさい」だとお題を子どもたちと共有したのち、みんなで一斉に「キャベツ」「きゅうり」「なす」「ピーマン」など、野菜のなかまをできるだけたくさんノートに書きだすものです。上位概念と下位概念を意識させるだけでなく、スイカやイチゴは野菜なのか果物なのかを調べたり、カタカナだけで書くことができる野菜の名前だけをもう一度集めたり、となりの子どもと同じものがいくつあるかを確かめたり、みんなが思い出さなかった唯一の名称がひねり出せた子どもがいるかどうかを確認したりするなど、様々に活動を展開させていくこともできます。教科書に掲載されている、これまで読んできた物語の登場人物を挙げさせたり、今読んでいる説明文に出てくるキーワードを思い出して取り出したり、新しく学んだ漢字を使った熟語をたくさんつくらせたり、学年等に合わせた活動にひろげることもできます。

「メイクテン」は、4つの数字を組み合わせて、四則計算を使いこなして10になる計算式をつくるものです。たとえば、5月21日で27回目の算数の授業の前に、5と2と1と7という4つの数字で、7＋5－2×1＝10とか、7×1＋5－2＝10、7＋5－2÷1＝10というように、答えが10になる式をつくります。7×2－5＋1＝10と1＋7×2－5＝10は、同じ種類の回答ということになり「一通り」とカウントします。コツをつかむと、一人で何通りもつくることができます。かけ算やわり算を学んでいない低学年で「メイクテン」に取り組むのは難しいかもしれませんが、高学年などではかっこのある式も使って多様に答えを出しやすいので、子どもたちが熱中する活動になります。

「ことば集め」も「メイクテン」も、多様な答えがあり、違いがあるからこそ学びが生まれる活動です。「誰も見つけていない回答を発見してごらん」「他にもないかなと、もう一つ探してごらん」目の前にいる子どもたちは、教室ではいつのまにか正解を出すことに囚われています。だからこそ、答えは一つではないことを繰り返し体験する。すると、自分の思いついた答え以外があることも常に想定するようになり、自分とはモノサシが異なった他者の考えにすなおに驚き、ほかの人の考えを自分のものにしていくようになります。子どもたちが正解をできるだけ早く出すことから抜けきれないとあきらめるのではなく、子どもたちがみんなで学ぶ意味を共有していくようになっていく。子どもたちを可能性へと要求するところに、教師の役割があります。

ところで、2年生の子どもたちに「17＋4はどうやって計算するのかな」と教師が聞いたところ、子どもたちは「21」という答えを口にするだけで発言が終わってしまうことがあります。しかも、ほかの子どもから「同じです」と形式的な反応が続いてしまいます。4月に新しく受け持った子どもたちが、「同じです」という見かけだけを真似していることを目の前にしたとき、あなたならどうしますか。

その教師は「答えは同じかもしれないけれど、みんなの考え方は同じ?」と子どもたちに聞き返しました。すると、ある子どもが「7＋4＝11　これに10たすと21」と発言してくれます。子どもたちは、「どう考えたか」ではなく、「どう思ったのか」を発言するので、「なぜ、そう思ったのか」と発言を続けて自分が考えたことを表現できるようにしなくてはなりません。教師が「なんで、7＋4をするの?」と聞くと、「7＋4はできるから」とも答えてくれます。でも、「同じことが言える?」とほかの子どもたちに発言内容を繰り返すことを求めると、どうも同じではないようなしっくりこない発言が続きます。すると、ある子どもが、「ぼくは違って」と手を挙げ、「まず、17＋3をする。そして、20に残りの1をたす」と発言します。「どうして、17＋3を先にするのか」という教師の問いかけには、「きりがいいから」と答えていました。

算数は、みんなと異なった考えになった筋道や正解への多様な導き出し方こそ語り合う必要があります。子どもたちと繰り上がりの足し算の仕方を学びながら、「同じです」という発言に潜む子どもたちの算数観や学習観を書き換えていく営みが、この教室にはありました。授業における子どもたちの学習の仕方には、いつの間にか決まってしまっている思い込みや囚われがあります。そうした学習習慣を、日々の授業の中で変えていこうとする絶えざる取り組みのなかで、子どもたちの可能性は見えてきます。

3. 発言にある学習習慣を子どもたちと見直し、仲間となって語り直す教室をつくる

教師は、「どうすれば、授業で多くの子どもがみんなの前で発言することができるか」だけではなく、「授業ではどのような発言をすることに価値があるか」を子どもたちと考える必要があります。子どもたちにとって価値のある発言とは、先生からの質問に答えて、みんなの前で正解を発表することではありません。友だちの発言を自分の言葉で言い換えたり、友だちの発言を短く言い直したり、友だちが発言した内容に別の視点から理由や例示を付け加えたり、図や表など異なった表現で説明したり、授業では友だちの発言に続けて発言する。そうするためには、聴きながら考えている、考えながら聴いていなければなりません。一番に勇気をもって自分をさらけ出すだけではなく、仲間になって考えて二番手・三番手に発言する。そうした発展的に発言をつなげていくことで考えが豊かになったり深まったりするかかわり方に価値があります。みなさんが受けてきた授業には、「繰り返し発言」はありましたか。

「繰り返し発言」とは、授業内容にかかわる重要な子どもの発言に続いて、「今言ったことをもう一度言える人?」と教師が尋ねたり、「今言ったことをとなりの人とお話してください」と教師が指示したりして、ほかの子どもが前の子どもの発言内容を繰り返して発言していく活動です。子どもたちが発言を繰り返せるようになったら、「繰り返せるということは、発言を聞けているということだよ。みんなが聴いてくれると、発表した人は嬉しいよね。」と価値付

け、ほかの人の発言に関心を持たせていくことから始まります。次に、前の子どもの発言を子どもたちに繰り返させていくと、前の子どもの発言を短く言い直す「要約」をしたり、自分の言葉で言い直す「言い換え」をしたり、発言内容を別の視点から意味や理由を付け加える「意味づけ」をしたりすることがあります。多角的で豊かな発言の繰り返しが、わからなかった子どもの理解の助けになったり、わかったつもりの子どもの確かな理解につながったりします。

さらに、友だちの発言に続けて、「ここは、どういうこと?」「どうして、そうなるの?」と尋ねたり、「たとえば、こういうこと?」「だったら、この場合は?」と友だちの考えを確かめたりする。そうして日々子どもたちが「繰り返し発言」を工夫し、発言のあり方をつくり直していくとき、教室の学びには深みが生まれます。

授業での発言は、先生にするものではなく、一緒に学ぶ友だちにするものです。自分がわかったときにこそ、わからない相手の立場に立って自分が考えたことを伝えようとすると、わかっていない友だちがどのようにわかっていないのかが見えてきたり、自分がわかったつもりになっていることに気づいたりすることもあります。

たとえば、6年生の算数の授業を参観したときです。「3種類のアイスがあります。2段アイスを作ります。2段アイスは何通りできますか。」という文章題に対して、「上のと下のとを変えて、これで1個、これで1個でもいいんですか」と、Hさんからどのような問題の条件なのかを共有しようとした質問が出されたとき、教師が答えてしまうのではなく、「今、言ったことをちょっとおとなりさんと話してみて」とHさんの発言を繰り返すよう子どもたちに指示をしました。子どもたちは、しばらくペアで確かめた後、「Hさんが言っている意味がわかったって人、どれくらいいる？」と教師が子どもたちに挙手を求め、さらに、「全員いる？　本当はよくわかっていないって人？」と確かめると、一つのペアが手を挙げます。そして、「Hさん、あの二人にお話ししてみて」と教師がHさんに再度説明するよう促すと、Hさんは「上がチョコで下がバニラのときに、これで一通りとしたときに、下をチョコ、上がバニラにしたときに、それをもう一通りと考えるのかどうか」と「たとえば」と例を加えて説明をし直しました。２種類のアイスの上下を入れ替えたとき、一通りと数えるのか、二通りと数えるのかと質問したのです。まだ理解していない人がいることを自覚することで、説明の仕方が変わったのです。

発言は、先生が求めている正解を発表することでも、みんなの前で自分が思っていることをただ思いきって発表することではありません。自分の考えと比べながら友だちの発言を聴き、まだ納得していない友だちのために説明のし方を工夫する。わからなさを大切にしてみんなでわかろうとするところに、仲間となっていく大切な学びがあります。正解や思いつきを出し合っている教室ではなく、語り直しがある教室ならば、自分勝手な頭のよさではなく、相手の立場に立てるかしこさを身につけることができるのではないか。そう思いませんか。

教師になるには、教員であることにあぐらをかくのではなく、目の前の子どもたちに手間をかけ、常に考える必要があります。子どもたちを「できる子」「できない子」と静的にとらえるのではなく、できつつある、わかりつつある、変わろうとしている動的な存在としてとらえる。子どもの言葉にならない問題提起を自分事としてとらえ、自らの指示や発問のあり方を問いただす。教師は、子どもの可能性を発見したり、創出したりするだけでなく、子どもそれぞれが持つ可能性を分かち合える人なのではないでしょうか。

【参考文献】

・吉本均『授業の構想力』明治図書、1983年。
・竹内元「子どものニーズをふまえた全員参加の授業づくり」深澤広明・吉田成章責任編集『いま求められる授業づくりの転換』渓水社、2016年、110-123頁所収。
・竹内元「専門領域を越境する教育実践」湯浅恭正・福田敦志編著『子どもとつくる教育方法の展開』2021年、214-227頁所収。

『教師が育つ条件』

（今津孝次郎　岩波書店　2012年）

教師の資質・能力は、さまざまな力量が総合的に積み重なって形成されている。「資質」とは、生まれつきの性質で得手不得手や人柄などに関わり、あまり変化することのない個人の特性である。それに対して、「能力」とは、教育によって成長して変化する知識・技能を意味する。では、教師として育つ筋道には、何があるのか。

教師には、子どもや保護者、同僚から、当人が全身を大きく揺さぶられるような情動を伴い、従来から当然のように身につけていた認識方法や価値判断、行動様式を塗り替えさせられるような強い影響を受けた経験がある。こうした転機となるような出会いは、単なる偶然ではなく、探究心が備わっていないと実現しないのではないか。教師の資質・能力へと発展していく基盤には探究心があると、今津さんは指摘する。そのさい、異質な人や情報などに対して柔軟に対応できる開放的な環境のもとでこそ、出会いは実現する可能性があるという。

さらに、今津さんは、教職のイメージを「個業」から「協業」へと切り替える必要を指摘する。教師の資質・能力は、個人のものとして理解されていないか。たとえば、周囲から教員への要求が増大している側面だけでなく、ストレスの緩衝となる教員連携が弱体化している側面にも目を向ける必要がある。そのさい、同質で同調的な「共同」関係ではなく、各教員の意見を相互に尊重しつつ、信頼感に満ちた連帯体制としての「協働」関係の追究が課題となる。教員それぞれが個性を持ちながら、共通する学校教育の課題に向けて各自が異なる力量を発揮して、学校全体で課題を克服する。そうした教師集団づくりが求められている。

教えることと学ぶことが表裏一体となるような授業を子どもたちとつくる。何でも言い合えるような開かれた学校を同僚とつくる。一人では成立しない営みを共に構築していく人が、教師なのである。

【竹内　元】

『専門家として教師を育てる』
（佐藤学　岩波書店　2015年）

教職は、私的な利益や好みを追求する職業ではない。教師が献身的に仕事をし、自らの専門的能力の向上に絶えず努めるのは、その仕事が子どもの幸福につながり、社会の発展に貢献していることを認識しているからである。

しかし、専門家は、使命だけでなく、高度な知性によって担われる職業である。知識が複合化し流動化する社会の中で、教師として職務遂行するためには、生涯にわたって学び続けなければならないが、日本の教師に対する教育水準や教師が学び育つ環境は、国際的に見ると最低レベルだと、佐藤さんは指摘する。

さらに、教師の仕事は、誰にでもつとめることができる容易な仕事として誤解されているという。誰もが生徒として教師の仕事を一万時間以上も観察している。「あの程度の仕事なら誰でもつとまる」「人間性さえ良ければよい教師になれる」「数学さえ理解していれば数学教師になれる」このような外観の印象から誰もが教師の仕事について「わかったつもり」になっている。教職は、イージーワークではない。佐藤さんは、教師の仕事は、言わば、誰もが不十分にしかなしえない、高度な知性的実践であるという。

ところで、通常の校内研修で、授業を観察して、どこが良かったか、どこが悪かったかという見方で評価する教員は、限りなく素人に近いと、佐藤さんは指摘する。「質問」と「助言」に終始し、自らは何も学んでいないからである。

授業という実践は、「見えない実践」である。授業研究は、教室の出来事の見えない意味を明らかにし、見えない関係を浮き彫りにし、見えない物語をあらわにするものである。授業における有効な教え方は、一つではない。専門家としての教師は、メンターに学びと成長を支えられ、自らの実践をひらき仲間と互いに学び合う、そうした関係の豊かさを構築している。教師は学びの専門家であり、教職は一人では成長しない職業なのである

【竹内　元】

「学校の先生」という職業の魅力を伝えるということ

宮崎大学教育学部長　戸ヶ﨑泰子

「大人になったらどんな職業に就きたいの？」

子どもは、大人になるまでに何度かこの問いかけに向き合う。周囲の大人から問いかけられることもあれば、自分自身に問いかけることもある。この問いに対して、どのような将来像を思い描くかには個人差があるが、子どもたちは「自分自身に関すること」や「身近な人の職業」からイメージを膨らませることが多い。「メディア等で注目された職業」を手がかりにする子どももいるだろう。つまり、子どもたちは、見聞きした知識や体験を通じて自身の未来を思い描いていくのである。私自身はどうだったろうか？　幼稚園に通っていた頃は、自分の好きなことを理由に「絵描きさん」。小学生のときは、通っていた歯科医が親切だったことを理由に「歯医者さん」と答えていた。幼い頃の狭い生活圏からの選択であり、今の自分の職業とはかなり異なるものである。

子ども時代、特に幼い頃に抱く将来の夢は、成長とともに変化していくものである。しかし、大切なことは、ポジティブな経験や情報から未来をイメージできることだと思う。そして、そのような良いイメージは「身近な大人」の姿に影響されると考える。「身近な大人」が仕事のやりがいを語り、楽しそうに働いている姿は、子どもの将来の夢に深く影響を与えるのである。

子どもにとって、最も身近な大人は家族であり、その次に身近な職業人は学校の先生だろう。平成元年の調査では、小学生が将来就きたい職業の第3位が学校の先生だった（学研教育総合研究所、1989）。勉強を教え、一緒に遊び、親身に関わってくれる小学校の先生は、小学生にとって家族以外の大人で最も身近な大人であり、「良い」と思える職業人だったことがうかがえる。

しかし、時代が変わり、平成初期には存在しなかった職業が増え、職業に対する考え方や価値観も多様化した現在、学校の先生はそのランキングから外れ、令和5年の調査では第17位となった（学研教育総合研究所、2023）。教師という職業の大変な側面がクローズアップされていることが、その一因であるかもしれない。

一方で、小学生女子の人気を集める不動の職業は「パティシエ」である。「甘くておいしく、美しくデコレーションしたケーキで、みんなを笑顔にすることができる」といった、小学生女子にとってはステキな要素が満載の職業だ。教員不足が問題になっている現在、働き方改革の推進が必要であることは言うまでもないが、それと同時に、教師という仕事の魅力をもっとアピールすることが求められている。

子どもたちに「先生は、分かりやすく勉強を教えてくれ、親身に、優しく子どもに寄り添い、みんなを笑顔にしてくれる職業」であることを伝えていきたいものである。

おわりに

本書を企画してから出版されるまでに、思いがけず二つの出会いが私に訪れました。

一つは、教職をめざす、ある高校生に出会いました。高校での出前講座で受講していた生徒に「なぜ教師になりたいのか」を聴いたとき、「自分が理想とする教師像がある。人生100年時代と言われているなかで、子どもたちがいのちを大切にする教育をしたいと思っている。保健体育の教師になりたい。いま、小学校の性教育について、探究に取り組んでいる。子どもたちにどのように教育するのか、自分には教育方法の理解が足りていないことを発見した。だから、教育学部に進学したい」と教えてくれた高校生がいました。教室では、教師は黒板を背にして立ち、子どもは黒板に向かって座っています。教壇をはさんで成立する関係を信じながら、さらに、自分には専門性が足りていないし、欠けているという自覚がある。不完全さを大切にしながら、日々前向きに学び続け、子どもたちとともに世界を創りなおしていく。そうした教師としての生き方がすでに彼女にもあるように思えたのです。

もう一つは、ある大学生によってもたらされた学びです。延岡市教育委員会が主催する「インターシップ＆教育大学リーグ」に参加する中で、大学生による高校生のための教職キャリアワークショップの構想を立ち上げたとき、本学部の教職実践基礎コース2年生の伊東心愛さんがワークショップのファシリテーターを引き受けてくれました。彼女は、延岡市の教育長であった澤野幸司さんとも直接会い、主催者としてのあふれんばかりの願いや見据えている課題をていねいに聴きとり、ワークショップ・ファシリテーターの経験が豊かな大学の特別講師にアドバイスを求め、同級生とも何度も話し合い企画を練り上げ、「せんせいトーク」というワークショップを行ってくれました。「せんせいトーク」は、私のなりたい未来の教師について、高校生と大学生が語り合うワークショップです。ワークショップを通して、もともと持っていた教師像をより具体的にイメージし未来を鮮明に描くことで、教師として学びたいことを生成しようとする試みです。未来を志向する彼女のワークショップを前にして、これまで私は、「どうして教師になりたいのか」と高校生や大学生に過去の経験をさかのぼらせて、「どのような教師になりたいのか」と高校生や大学生が描く未来を聴いていなかったことを突きつけられました。

教職は、将来をまなざし、現在を変革する仕事であり、今を見つめ直し、未来を創造する職業であることを高校生や大学生に教えられました。この出会いは、本書に執筆・協力していただいた教師の経験が紡ぎ出した文章がもたらしてくれたものだと思っています。彼らの文章には、生きてきた時間を濃密に圧縮したような、味わい深い人間味があります。読者のみなさまにも、新たな出会いや学びが生まれてくると幸いです。最後まで、お読みいただき、ありがとうございました。

編者を代表して　竹内　元

【執筆者・協力者】

岩切　宏樹	新垣　綾香	長谷　寛子
石本　隆士	染矢　直樹	東口　匡樹
宇戸田　貢	髙橋　武大	日高　恵一
梅北　瑞輝	髙平　佳代	肥田木洋之
甲斐日美子	田爪　昭宣	増岡亜衣子
金丸　睦子	遠目塚由美	三浦　章子
河野　和寿	戸ヶ﨑泰子	湯田　拓史
河野　正臣	中山　修子	渡辺　頼子
郡司美和子	野﨑　智哉	

【編　者】

竹内　　元　宮崎大学教育学部　附属教育協働開発センター　授業研究部門長

佐々　敬政　宮崎大学教育学部　保健体育科教育　准教授

興津　紀子　宮崎大学教育学部　英語科教育　講師

藤本　将人　宮崎大学教育学部　社会科教育　准教授

＊本書は、「宮崎県教育希望枠を基軸とした質の高い教員を輩出する『みやざき教員育成システム』の構築」事業の一環として制作しました。

みやざきの教育 BOOKLET SERIES vol.1

教壇から見える景色のこと

先生！教師になるってどんな感じ？

2025年2月20日 初版印刷
2025年3月11日 初版発行

編　者　竹内 元・佐々敬政・興津紀子・藤本将人 ©
著　者　宮崎大学教育学部
装幀・デザイン 平野由記　タイトルディレクション グンジキナミ

発行者　川口敦己
発行所　鉱 脈 社
〒880-8551 宮崎県宮崎市田代町263番地
電話0985-25-1758

印刷・製本　有限会社 鉱 脈 社

ISBN 978-4-86061-912-1

「みやざきの教育」
ブックレットシリーズ創刊のことば

宮崎大学は、全国の多くの大学に先立ち、2008年に教職大学院を設置しました。本学教職大学院は、15年の歳月を経て、350名以上の修了生を輩出してきました。修了生には、教育委員会の指導主事や、学校の校長や教頭、主幹教諭、指導教諭などの役職についている方々も多くいます。

本学部附属教育協働開発センターは、2013年に教師教育部門と授業研究部門の２部門に整理し、宮崎県教育庁派遣研究生の受入れに加えて、宮崎県教育研修センターや宮崎県教職員課、市町村教育委員会と協働し、学校を単位とした授業研究や指導教諭等と協働した教員研修の構築などに取り組んできました。教職大学院修了生のみならず、学校現場で学び続ける教師は、既存のルールや価値観に縛られることなく新たなしくみを構築したり、子どもたちの世界から学び日々新しくなる自分と出会ったり、子どもたちの未来を想像しながら時代の変化に対応した教育を創造したりしています。

本シリーズは、そうした宮崎県内の教師にも協力を得ながら、宮崎にあるしなやかな志や多角的な取り組みを紹介していきます。実践との協働や成果を広く社会に提供することで、日々変化し続ける子どもたちの世界に参加し、ものの見方・考え方を更新し続けるような教師が多様に生まれ、未来の子どもたちがさらにより良い教育を受けることをめざしています。本シリーズの一冊一冊は、教師の多彩な経験と学びを大切にしています。読者のみなさまにも、ゆっくりと違いをおもしろがり、じっくりと違いの中に同じところを見つけていただくことで、教育の豊かさを発見できるようにと編集しています。

本学部は、2016年度に小中一貫教育コース、教職実践基礎コース、発達支援教育コースという３つのコースからなる教育学部として新たなスタートを切りました。そのさい、教職実践基礎コースでは、宮崎県の小学校教員を希望する人を対象とした「宮崎県教員希望枠」という新しい推薦入試を開始しました。現在、「宮崎県教員希望枠」の推薦入試を小中一貫教育コース小学校主免専攻にも拡大して、宮崎県の教育を担う小学校教員の養成に向けて各コースのカリキュラムや育成プログラムを充実させています。今後は、宮崎県教育委員会と協力しながら教員として活躍する卒業生を支援することも計画しています。本学部は、教員養成を目的としていますが、自己を更新する学びを生涯にわたって深めていく教師にとって、いつでも立ち返ることのできる始まりの場所でありたいと思っています。

教員としてただ年をとるのではなく、教師になっていく。教師になるあなたの味方になるような一冊として、何度も読まれる本になればと願っています。シリーズの第一弾は、「教職という仕事への誘い」です。不完全さを大切にしながら、もう一度前向きに、日々子どもたちとともに世界を創りなおしていく。そうした教師の生き方にふれることができれば幸いです。

みやざきの教育